KB212798

다 만 　 그 윽 한 　 마 음 을 　 내 라

대행 大行

대행 스님은 1927년 음력 1월 2일, 서울 이태원에서 태어났다. 일제 강점기에 부친의 항일 활동으로 전 재산을 몰수당하고 거리로 내쫓겨야 했던 혹독한 환경은 어린 시절, 스님으로 하여금 삶에 대한 큰 의문과 함께 세상의 수많은 고통에 대해 생각하게 만들었다. 환경이 가혹할수록 더욱 자신의 내면으로 집중하게 된 스님은 9세의 나이에 처음 자성의 발로를 경험하였다. 14세 때 어머니를 따라 오대산 상원사에 간 스님은 한암 큰스님을 뵙고 불법 공부에 깊은 궁금증을 가졌다. 이후 내면의 이끎을 따라 무연한 발걸음으로 여러 곳을 전전하다 24세 때인 1950년, 출가의 뜻을 세운 스님은 한암 큰스님을 친견하고 청각淸覺이라는 법명을 받았다. 한국 동란의 와중에도 경기도 일대, 서울의 남쪽 산야를 떠돌며 세간과 출세간, 유무의 경계를 넘어 수행을 이어갔던 스님은 뼈를 깎는 십여 년의 산중 고행 끝에 마침내 생사의 관문을 뚫고 진여의 궁극적인 진리를 체득하였다.

스님은 훗날 이때의 고행에 대해 "몸으로 고행을 한다고 해서 부처를 이루고 고행을 안 한다고 해서 부처를 못 이루는 것이 아니다. 지금의 시대는 육체의 고행이 아니라도 정신의 노력이라면 다 할 수 있다."라는 말로 마음공부의 필연성을 천명하였다. 스님은 병고액난에 허덕이는 이들에게 자기에게 본래 갖추어진 자성을 믿고 의지하도록 일러 주었으나 스스로를 믿지 못하고 기복적인 마음에서 벗어나지 못하는 사람들을 보며 본격적인 중생교화에 뜻을 두고 1972년 경기도 안양에 한마음선원을 세웠다.

스님은 "누구나 자기 영원한 생명의 근본 불성은 다 가지고 있다. 그것은 광대무변하고 묘한 각자 자기의 보배이다. 자기를 믿고 자기를 발견해야 한다. 그것이 정신계의 근본이다."라고 가르치며 특히 재가 남성 불자들과 청년들이 마음공부를 할 수 있도록 이끌어 내어 여성 불자 중심의 불교계에 큰 반향을 일으켰다. 또한 비구 비구니의 차별화된 관념 또한 넘어서야 할 한국 불교의 과제로 보고 법제자로서 비구들을 동참 수행하게 하였고, 비구니 스님들의 위상을 강화하고 자립적인 수행을 뒷받침하는 일에도 지원을 아끼지 않았다.

마음공부라는 용어조차 생소하던 시절, 생활과 수행을 따로 두지 않는 스님의 가르침은 국내뿐만 아니라 전 세계로 퍼져 국내외 수십 곳에 공부하는 이들의 자발적인 지원 설립이 이어졌다. 1980년대 초, 뜻으로 푼 우리말 경전과 예불문을 보급하여 사람들이 부처님 가르침의 뜻을 제대로 알고 수행할 수 있도록 하였으며, 법문의 외국어 번역과 출판, 선법가禪法歌 보급, 한마음 영탑 공원 조성, 현대불교신문사·한마음과학원 설립 등을 통해 시대와 종교, 성별과 나라를 넘어서는 선진적인 가르침으로 현대 불교·생활 불교·세계 불교의 길을 열어 보였다.

자기의 근본 불성을 믿고 마음의 원리를 증득하여 자유인으로서 살아가는 길을 사람들에게 깨우쳐 주기 위해 평생을 바쳤던 스님은 2012년 음력 4월 초하루, 세납 86세 법랍 63세로 한마음선원 본원에서 입적하였다.

여는 글

스님께서는 쉬는 날이 없으셨습니다. 1972년, 경기도 안양에 한마음선원의 전신인 대한불교회관을 설립한 이후로 은사 스님은 하루도 빠짐없이 사부대중을 제접하셨고 선원에서는 수많은 법석이 열렸습니다. 뻗은 발이 서로 맞닿는 작은 방에서 시작하여 강당, 선실, 법당에서 매일같이 펼쳐진 무진 법문들은 『허공을 걷는 길』이라는 제호 아래 묶어져 1999년 정기법회분이 처음 출간되었습니다. 이후로도 계속 법회별로 출간 작업을 이어 오던 중에 개원 초기 법문들로 이루어진 일반법회분이 다섯 번째로 2018년 9월 발간되었습니다.

법문은 읽는 사람의 마음에 따라 어떤 날은 그 뜻이 잘 새겨지기도 하고 어떤 날은 그냥 지나가 버리기도 합니다. 평소에 잘 이해하고 있다고 생각했던 내용도 세월

이 한참 흐른 후에 그 뜻이 새롭게 알아지기도 합니다. 그러다 보니 늘 법문을 접하고 있으면서도 되새김이 필요하여 따로 또 적어 놓게 됩니다. 일반법회 법문을 정리해 오던 출판부 스님들이 공부 삼아 각자의 노트에 옮겨 적고 컴퓨터에 입력해 둔 것들을 모아 보니 책 한 권 분량이 되었습니다. 이 법문집은 그중에서도 불자님들과 공유하고 싶은 말씀들을 우선으로 묶은 것입니다.

스님께서 30여 년에 걸쳐 설하신 방대한 법문을 근간으로 하여 그동안 여러 형태의 책들이 나왔습니다. 생생한 육성 그대로 담아 낸 법문집들은 마음공부를 하는 이들에게 든든한 길잡이이자 무한량의 자원이 되어 줍니다. 그러나 스님은 알음알이에 빠지는 것을 늘 경계하셨습니다. 경을 보되 누가 보는가를 바로 알아야 하고, 목마를 때 스스로 물 한 컵 들이킬 수 있는 그런 공부를 해야 한다고 하셨지요. 또 한 권의 책을 세상에 내놓으며 그 말씀에 담긴 깊고 간곡한 뜻을 다시 새겨 보게 됩니다.

스님의 가르침 따라 여전히 걸어가는 이 길에는 계절의 흐름만큼 세월도 흘러갑니다. 그 길 없는 길 걷는 가운데 사계절 없는 마음의 봄을 어느 발걸음 끝에 만날 수 있을는지요.

2019년 10월
한마음선원 출판부 합장

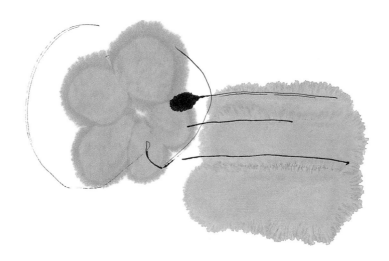

일러두기

1. 본문의 대부분은 『허공을 걷는 길』 일반법회분 1, 2, 3, 4(한마음선원 출판부,
   2018)에서 발췌하였으며 최소한의 수정을 거쳤습니다.

2. 본문 중에 불성(주인공, 근본 마음, 참나)을 일러 '여기' 또는 '거기'라고 표현
   한 부분이 있습니다.

3. 스님께서 뜻으로 사용하신 용어는 사전상의 의미와 다를 수 있습니다.

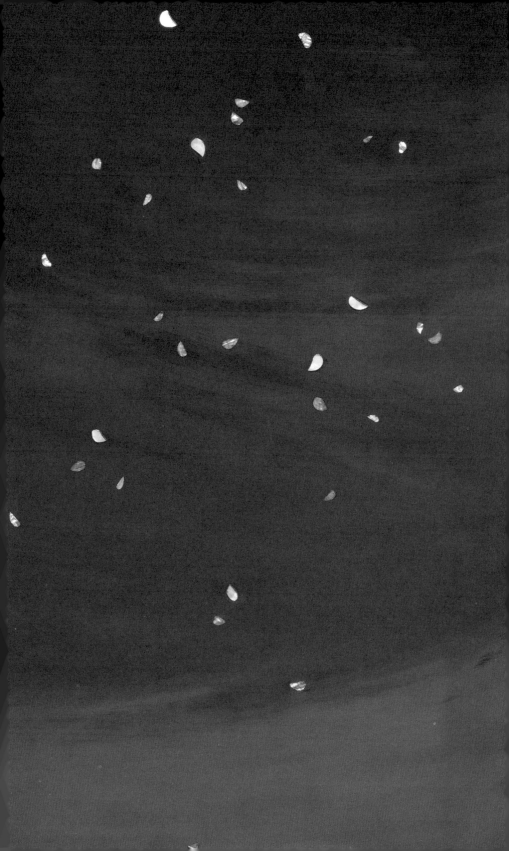

01 ——————————— ————

나로부터 시작되는 길

고요히 놓고 또 놓으면

내가 곧 화두

너부터 알라

고정되지 않은 게 부처

인간의 마음, 생명의 근본

누가 한 것인가

마음의 선장

주인이 없다면

원심력

높고 낮음이 없이

헛공부

어디서 와서 어디로 가는가

이 도리를 모른다면

빛보다 빠른 마음이기에

마음 한 점의 힘

문이 없는 공부

통이 둥글면 뚜껑도 둥글어야 되듯이

마음 있기 이전이 탄생이 돼야

항상 놓는 연습

자유인의 도구

참자기의 얼굴

여러분이 다른 걸 못 보걸랑은

자기 형상부터 보시고,

자기 마음부터 한번 뒤돌아보시고,

자기 행동하는 것을 한번 점검해 보십시오.

그러면 부처님이 밝게 보일 것입니다.

고요히 놓고 또 놓으면

어느 사람이 날더러 이렇게 물었습니다. "스님께서는 만날 고요하고 고요하게 놓으라 하시는데, 고요하고 고요해서 신령한 그 마음, 밝게 볼 수 있는 그 마음은 어떤 것입니까?" 그랬는데 나로서는 거기에다 대고 뭐라고 할 수 없어서 이렇게 말을 했습니다. "이 세상에 나고부터 수없이, 거듭거듭 생각이 천만 가지로 들었고, 천만 가지로 움죽거렸고, 천만 가지를 헤아릴 수 없이 해 왔으며, 지금도 이렇게 걸어왔지 않느냐. 그것이 바로 신령한 마음이며 근본적으로 알고 있는 것이다."라고요.

내가 없다면 역대 조사들 또는 부처님, 이 세상 전부가 어떻게 있겠습니까? 나로부터 생겼기 때문에 나로부터 모두 생각하고 작용하는 것입니다. 그것을 누가 하나 관觀하고, 고요히 놓고 또 놓아서, 그렇게 놓고 본다면 결국은 스스로 자기가, 그 신령한 마음이 나오는 것입니다.

내가 곧 화두

사람이 마음을 어떻게 먹어야만 되느냐. 내가 나고서부터 세상은 일어난 것이니까 나로부터 화두가 되며 나로부터 근원을 밝혀 내야 되는 것입니다. 자신을 알아야 남을 알고, 남을 알아야 서로 공생共生하는 것을 알고 공용共用하는 것을 알게 됩니다.

너부터 알라

자기로부터 세상이 벌어졌고 자기로부터 상대성 원리가 생긴 것입니다. 만약에 자기가 이 세상에 나오지 않았다면 아무것도 없습니다. 무효입니다. 그렇기 때문에 역대 조사들은 "너부터 믿고 너부터 알라." 했습니다.

우리는 정신계 50%와 물질계 50%가 상응하면서 작용을 해야만이 100% 인간의 삶이라고 볼 수 있겠습니다. 그런데 물질계 50%에 의해 관습이 생기고 그 습성에 끄달려서 '꼭 이렇게 해야 한다, 저렇게 해야 한다' 하는 고집이 생기고, 거기에 그만 자기가 자기를 창살 없는 감옥에다 넣고 한 발도 떼어 놓지 못하게 묶어 놓는 그런 마음들을 가지게 된 것입니다. 그 마음속에서 벗어나야 됩니다.

고정되지 않은 게 부처

육신을 자기라고 한다면 오산입니다. 육신은 수시로 변질이 됩니다. 수시로 변질이 되는 자기 육신을 어떻게 고정된 자기라고 할 수 있겠습니까. 그뿐인가요. 마음도 고정되지 않습니다. 하는 일도 고정되지 않습니다. 보는 것도 고정되지 않습니다. 고정되지 않은 게 부처입니다. 하지만 그것도 이름입니다.

인간의 마음, 생명의 근본

흙과 물, 바람, 불 이 네 가지가 한데 합쳐진 근본이 바로 인간의 마음, 생명의 근본입니다. 내 마음을 진짜로 믿으면 그 마음이 만 가지 생산처요, 만 가지 에너지처요, 자가발전소요, 능력처라는 것을 알게 됩니다.

오고 감도 없이 오고 가고 이어 감도 없이 이어 가는 그런 마음의 도리를 가지고 우리가 지금 살고 있는데, 모습이니 종교니 학식이니 하는 것을 가지고 분별한다면 어찌 이 산하대지를 집어먹을 수가 있겠습니까. 우리가 이 마음의 이치를 모른다면 물질계에서도 발전이 못되고 광대무변한 부처님의 법도 알 수 없을 것입니다.

누가 한 것인가

여러분은 만능적인, 즉 말하자면 만능의 활용을 그대로 쓸 수 있는 능력을 가지고 있습니다. 부여받고 있어요. 그런데 자기가 자기를 의심을 합니다. 모두 의심을 합니다. '살다 보니까 그렇게 된 거지. 내가 지금 이렇게 이렇게 해 놨으니까 이렇게 됐지.' 이럽니다.

그렇지! 자기가 해 놓은 거지 누가 해 놓은 겁니까? 그게 우연입니까? 자기가 해 놓은 거니까 온 거지. 그런데 그걸 왜 안 믿습니까? 보이게 해 놨든지 안 보이게 해 놨든지 안 보이는 데서 자기가 생각을 했기 때문에 보이는 데로 나와서 이루어졌는데 그걸 우연이라고 본단 말입니다. 왜 우연입니까, 그게? 실질적으로 자기가 한 것이지.

그러니까 (참)자기가 한 것이지, 자기가 한 게 아니란 말입니다. 이것만 아시면 됩니다. 자기가 한 것이지 자기가 한 게 아니다. 그렇게 믿고 들어가는 그런 마음이 필요합니다.

마음의 선장

여러분 각자가 선장임을 알아야 합니다. 여러분 몸에는 중생들이 수없이 들끓고 있는데 여러분의 몸뚱이가 배라면 여러분의 성품, 그 마음은 바로 선장인 것입니다. 그 선장이 올바로 끌고 가지 않는다면 그 중생들은 다 죽습니다. 그러니 여러분! 깊이깊이 잘 생각하셔야 됩니다.

주인이 없다면

주인이 없어서 집 하나도 지키지 못한다면 이 노릇을 어떡합니까? 선장이 돼 가지고 배 하나도 똑바로 끌고 가지 못한다면 이 노릇을 어떡합니까, 또? 지금 수많은 중생들을 태워서 가는 이 몸뚱이가 배란 말입니다. 그런데 이 배 하나 올바로 끌고 다니지 못합니다. 왜?

욕심이 많지, 내가 살아야 하지, 모든 것을 색色으로만 보지, 모든 게 물질로만 이어지지…. 그러니 무루의 그 광대무변한 법을 조금도 활용을 못 하는 것입니다.

원심력

내가 있으니까 가정도 있고 우주도 있고 부처도 있고 그렇지 내가 없으면 다 없는 것입니다. 그런데 나를 믿지 않아요? 나부터 알아야죠. 각자 여러분이 모두 나부터 알아야 남을 주기도 하고 보살행으로써 모든 걸 행할 수 있는 그런 여건이 생깁니다. 원심력이 생겨요. 이게 아주 좋은 공부입니다. 두루 모가 지지 않도록 하는 것이 원심력입니다.

그래서 첫 번에 나의 물질적으로 살던 습을, 수억겁 광년을 거쳐 나오면서 인간이 되기까지 진화되면서 살아온 그 습을 녹여야 합니다. 인간이 됐으니까 부처가 될 수 있는 것입니다. 그러니까 그 습을 떼려면 '아! 용광로와 같다. 일체 우주와 천지가, 태양이, 월세계가, 혹성들이, 별성들이, 일체 모두가 다 인간의 마음에 직결이 돼 있으니 직결이 돼 있는 이 내 주인공만이 해결을 할 수 있다.' 이렇게 놓으십시오.

높고 낮음이 없이

어떤 사람이든지 자기를 자기가 못 믿고 만날 남을 더 위대하게 보고 남의 물건을 더 좋게 보고 이런다면 부처님의 그 이름도 뛰어넘을 수 없습니다. 주인공 안에 나와 더불어 둘이 아닌데 어째서 높고 낮고 이런 걸 거론하겠습니까. 그러니까 이 오관을 통해서 내가 좋은 소릴 들었으면 좋은 소리 들은 그 장본인도, 이걸 듣고 느끼고 알았던 것도 내 여기에 바로 주인공이 있기 때문이 아닙니까! 그러니 '아! 주인공, 감사해라.' 이러고 거기다 또 놓는 것입니다.

헛공부

나를 발견하는 것은, 공부를 많이 하고 상식이 많고 지위가 높고 부자고 이런 데서 오는 게 아니라 간곡한 자기의 정성입니다. 스님과 길잡이와 자신을 둘로 나누지도 말고, 일체제불을 둘로 나누지도 말고, 우선 급한 대로 스님과 자기를 둘이 아니게 만들어야 합니다. 그것이 증득되면 전체가 둘이 아니게끔 하는 그 행이 그대로 한 발 한 발 나가게 됩니다. 행이 문제지, 말이 문제가 아니고 이론이 문제가 아니니까요.

내가 하나하나 행해 나가는 데에, 실천에 옮겨질 때 그때에 모든 게 감응이 되고 기쁨이 오고 희열이 넘치고 그러는 것입니다. 내가 행복을 가져오는 것이지 내 행복이 없고 이론으로만, 말로만 '부처님 법이 이렇다' 이러는 것만 알고 있으면 무슨 소용이 있겠습니까. 그래서 열 가지, 백 가지 과실을 갖다 놓았다 하더라도 자기가 그것을 집어 먹지 못하고 그 맛을 모른다면 그것은 헛한 것입니다. 십년, 백 년을 배웠어도 그것은 헛한 것이라는 말입니다.

어디서 와서 어디로 가는가

중들도 왜 중노릇을 하는지 그것조차도 모르고 하는 사람들이 많습니다. 또 불자들도 왜 우리가 불자가 돼서 이렇게 불법을 배우려고 하고, 법당에 가서 조아리고 그러는지 그것도 모르고, 내가 왜 절을 하는지 그것도 모르는 사람들이 있습니다. 인간이 어디서 와서 어디로 가는지조차도 모른단 얘깁니다. 그 인생살이를 그렇게 모른다는 뜻이죠. 그러니 어저께 일을 모르는데 어찌 내일 일을 알겠습니까?

이 도리를 모른다면

우리는 모두가 과거의 '나'이면서 미래의 '나'인 것입니다. 오늘 이렇게 살았다면 내일도 이렇게 살 것입니다. 그래서 내일이나 오늘이나 어저께가 둘이 아니요, 오늘 자체가 영원한 것이니까 오늘 이렇게 몸을 가지고 살면서 우리가 이 도리를 모른다면 항상 노예에서 벗어나지 못할 것입니다. 그리고 보이지 않는 신에 의해서 항상 지배를 받게 되니 그 지배는 무엇입니까? 여러분이 마음을 마음으로 조작해서 지배를 받는 것이지 마음으로 조작하지 않는다면 어떤 것에도 걸리지 않을 것입니다.

빛보다 빠른 마음이기에

마음은 늘릴 수도 있고 줄일 수도 있는 것입니다. 지구 바깥에 나갈 수도 있고 지구 바깥 전체를 돌 수도 있는 것이 마음 아니겠습니까? 빛보다 더 빠른 것입니다. 그렇기 때문에 이 마음으로 착着을 두지 말라고 했습니다.

유有의 법에서 요만한 것 하나에 착을 둔다면 꿈을 꿀 때도 그 착이 돌아갑니다. 내가 생시에 두려움을 가지고 산다면 꿈에서도 두렵습니다. 그 마음은 꿈이나 생시나 둘이 아닙니다. 그래서 그 마음의 차원이 자기를 죽이기도 하고 살리기도 합니다. 자기가 만들어 놓고, 자기가 지어 놓고 자기가 받는 것입니다.

마음 한 점의 힘

이 내 한 점의 마음 속에 자가발전소도 있거니와 원자력도 여기에 있고, 여러분이 안방에 앉아서 텔레비전을 보면 세계를 다 보듯이 여기엔 천체망원경도 있고 천체무전기도, 무전통신기도 있고, 또 전자력도 있습니다. 이것을 다 합해서 내가 때에 따라서 활용할 수 있는 것은 그 한 점을 믿는 것에 달렸습니다. 그리고 믿는 것은 찾는 데에 달려 있고, 활용하는 것은 지혜에 달려 있습니다. 지혜가 부족하다면 나한테 보배를 두고도 쓰지 못하는 것이고, 지혜가 풍부하다면 그 한 점의 보배를 가지고 천체 무기로 쓸수가 있는 것입니다, 급하다면.

문이 없는 공부

"관문이다" 하면서 문을 찾아서 드는 사람들은 정말 참자기를, 참자기의 그 보배를 이룰 수가 없습니다. 문을 찾아서 들고 문을 찾아서 나고 한다면 한계가 있어요. 본래 사방이 터져서 문이 없는 것을 '문이 있다' 하고, 문이 많은 것을 '문이 없다' 하고 이러는 이치는 무엇입니까? 사방이 터져서 없는데도 문이 있다 하고, 전체 문인데도 문이 없다 하는 이치는 무엇입니까?

내 집 보배를 간수하고, 내 집 보배를 찾을 줄 알고, 내 집 보배를 닦을 줄 알고 빛을 낼 줄 알아야 하는 것이지, 남의 집 보배를 아무리 탐내 봤던들 소용이 없습니다.

통이 둥글면 뚜껑도 둥글어야 되듯이

시대에 맞게, 자기 환경에 맞게, 자기가 어떠한 환경에 있는지 돌아볼 수 있어야 합니다. 모든 것은 자기에 맞지 않으면 안 됩니다. 자기 환경에 맞지 않는데 불법을 좇아서 껑충 뛴다고 해서 그것이 균형이 맞는 게 아닙니다. 통이 둥글면 언제나 뚜껑도 둥글어야 되듯이, 지금 처해 있는 내 환경대로 그대로 무난히 가면서 철저하게 자기가 자기의 앞길을 버리지 말고, 또 넘치게 욕심부리지 말아야 합니다.

불법을 배우는 것은 지금 우리 환경 속에서 살아나가면서 오로지 올바로 자기 몸이 자기 마음을 제도하면서, 마음은 몸을 제도하면서 이끌어 간다는 말입니다. 그렇게 균등을 잡아서 해 가면서 현재 법에도 또는 무無의 법에도 조금도 틀리지 않도록 이렇게 평등하게 가지고 나가야 하는 것이 지혜로운 마음입니다. 오직 이것도 다 한마음에서 나오는 것이니 그 한마음의 주인공이 바로 모든 것을 하고 나가고, 내가 있기에 바로 그 주인공이 있다는 점을 알아야 합니다. 내가 없다면 모든 게 없는데 무엇을, 어디 가서 찾습니까? 나로부터 있는 것입니다, 모든 게.

마음 있기 이전이 탄생이 돼야

자기 주인공에, 모든 것이 공했으니까 모든 것을 공한 데다가 놓는다고 했습니다. 공한 데서 나온 것 공한 데다 놓지 어디다 놓습니까? 모든 걸 믿고 놔야 하는데 타의의 부처님은 진짜로 믿어도, 또 남이 말하는 것은 믿어도 자기한테서 스스로 결정을 짓지 못한다면 그렇게 해 봐야 공덕은 하나도 없습니다. 이익이 하나도 없습니다. 잘 가든 못가든 가시밭길이든 자갈밭길이든 내가 가 봐야 그 도리를 압니다. 물러서지 말라 이겁니다. 아무리 어떠한 타격과 고난이 있더라도 그 고픔는 내가 공부할 수 있는 과정이지 고가 아니라는 얘깁니다.

그렇기 때문에 오히려 주인공에게 자기가 감사하게 생각하면서 나간다면 얼마 안 있어서 그 깊고 깊은 속에서 생명수가 흐를 것입니다, 홀연히. 그럴 때 그 맛을 본다면 이 세상을 다 줘도 바꿀 수 없는 그런 맛일 겁니다. 이 세상에 내 몸뚱이가 탄생한 건 탄생한 게 아니에요. 진짜 마음 자체, 마음 있기 이전이 탄생이 돼야 근본적으로 내가 탄생을 했다는 뜻입니다.

항상 놓는 연습

자기 몸이 공空했다는 것은 누구나가 다 알리라고 믿습니다. 자기가 공했기 때문에 세상도 공했듯이 전체가 공했다는 걸 알게 되었다면 말로 배우려고 하고 글로 배우려는 생각은 하지 마시고, 내가 배워야겠다는 생각은 쑥 빼놓으시고, 모든 것을 항상 놓는 습을 가지십시오.

그렇게 많은 나날을, 나날이라고 할 수도 없는 억겁 년을 거쳐 오면서, 우리는 사람으로서 등장을 했습니다. 사람으로서 이렇게 형성된 지금, 억겁을 거쳐 온 그 자체의 습이 지금 현실의 나한테 있는 것입니다, 각자. 그렇기 때문에 현실의 시점에서 내가 공한 줄 알고, 바로 공한 나 자체가 화두인 줄 알고 공한 데서 나오는 것 거기다가 모든 것을 놓는다면, 진심으로 맡겨 놓을 수 있다면 거기에서는 자기 자신의 일체 생동력 있는 생수 물이 자기에게 맛을 보일 수 있고 상봉할 수 있는 것입니다. 경經이 자기를 보고 자기가 경을 보고 학으로다가, 말로다가, 이론으로다가 이렇게 배우려고 한다면 우리는 백네 날이 가도 공부는 못할 것입니다.

자유인의 도구

재산을 메고 다녀서 재산이 아니라 지혜로운 마음이 자기의 보배이며 바로 재산입니다. 여러분이 돈을 가지고 있다고 해서 재산이 있는 것은 아닙니다. 바로 자기 한 점의 마음이 보배이고 재산입니다. 재산일 뿐만 아니라 자유스럽게 쓸 수 있는 자유인의 도구라는 것을 아셔야 합니다. 그것이 보배인 것입니다.

참자기의 얼굴

말을 해서 되는 것도 아니고, 내가 말하는 게 절대라고 할
수도 없고, 책을 봐도 절대라고 할 수 없습니다. 여러분의
마음에서 스스로, 스스로 물리가 터지고 지혜가 생기고
그래서 깨달음을 가져야만 되기 때문에, 여러분은 말을 들
으려고 하지 말고 그 뜻을 들어서 내 양식으로 삼아 거름
을 만들면, 바로 자기한테서 자기 마음이 잘 자라서 마음
이 이 세상에 얼굴을, 아마 참자기가 얼굴을 내밀 것입니
다. 태어날 거예요.

"하나하나 우리가 살아가면서 생활의 지침이 되고

그것이 낙원이 되고 조화가 되고 화목이 되고

그 모두가 웃음이 되고 즐거움이 될 때

비로소 이것이 부처님 법이 아니고 무엇이겠습니까!"

02

내 안의 지혜 문이 열리면

생활이 바로 종교이고 참선이기에

우리가 그대로 생활하는 것이

자기 주인공에서 일체 만법을

들이고 내는 것이라는 사실을

진짜로 믿는다면

열쇠가 주어질 것입니다.

부처님이 가르치신 법

사람이기에 불법을 가지고 있습니다. 불법이 무엇입니까. 우리가 영원한 생명으로서, 그 생명이 있기 때문에 생각을 하고, 생각을 하기 때문에 몸이 움죽거리는 것이 바로 불법입니다.

부처님이 가르치신 법은 종교의 이름을 가지고 가르치신 게 아니라 전체 사람들이 살아나가고 행하고 또는 진화되고 창조력을 기르고 창조해 내고 발전하고 이러는 걸 가르치셨습니다. 이 세상에 태어났으면 실상의 근본을 알고, 그 근본으로 인해서 세상살이가 다 돌아간다는 자체를 알아야 합니다. 그 생활 자체를 떠나서는 종교가 있을 수가 없습니다.

심봉

우리가 불교를 왜 믿어야 하고 찾아야 합니까. 진짜 믿는 것은 내 심봉을 자부처로 알고 진심으로 믿어야 합니다. 바로 그 심봉인 프로펠러가 돌고 도는 것이 우리 살림살이니 잘 궤도를 지키면서 올바르게 보고, 올바르게 듣고, 올바르게 말하고, 올바르게 냄새 맡고, 올바르게 정진하고, 올바르게 모든 행을 해 나가셔야 합니다. 그러면서 그것을 진실하게 믿고 거기다가 놓는 작업을 한다면, 스스로서 그 모두를 다 몰락 놓는 것이 되며, 녹이는 것이 되며, 인과응보, 유전성, 악성, 그 모든 얽히고설킨 것들을 다 녹이게 되고 풀게 되는 것입니다.

무엇을 믿을 것인가

부처님을 믿는다고 하고서는 헛믿으러 다니지 마십시오. 우리가 생활을 하면서 믿으러 다닌다 할지라도 그게 믿으러 다니는 게 아닙니다. 절에 와서는 길을 인도받는 것이고, 믿는 것은 여러분의 주인공主人公, 자기 마음 안에 있는 것을 믿는 것입니다. 그래야 자기를 끌고 다니는 주인이 자기를 잘 끌고 다닐 것 아닙니까? 여러분이 그것을 모르고 자기 주인공을 믿지 못한다면 여러분의 부모를 믿지 못하는 것이고 부모를 배신하는 것이고 그렇습니다. 자기 안에 들어 있는 자부처는 법의 조상입니다. 자기 육신을 진화시키고 자기를 끌고 다니는 자기 주인공이란 말입니다.

내가 나를 알기 위해서

집을 짓고자 할 때 생각을 하니까 설계가 나오고 건물이 올라가게 되듯이, 일상생활 중에서 생각을 하니까 말하고 움직이는 것입니다. 그렇게 돌아가는 마음의 이치를 발견하는 것, 그것이 바로 불교인 것입니다. 내가 나를 알아보기 위한 것이 곧 불교입니다.

알면 부처, 모르면 중생

부처는 어느 신이 내려오고 보이지 않는 데서 그냥 뚝 떨어진 것이 아니라, 우리 인간이 바로 부처입니다. 이 도리를 알면 부처요, 모르면 중생입니다. 그래서 부처 중생이 둘이 아닙니다. 같이 항상 하고 있는데 자기 마음이 그걸 모르기 때문에 중생이지, 그걸 알면 즉 부처입니다.

자기를 좀 믿어 줬으면

저는 어려서 그렇게밖에 살아오지 않았기 때문에 그런지 몰라도 '참 이상하구나. 내가 살아온 걸로 봐서 나는 남을 의지한 게 없고 못난 자기만을 의지했는데, 왜 자기를 못 믿고 의지하지 못하나? 자기를 의지했기 때문에 자기를 발견했고, 자기를 발견했기 때문에 수많은 행과 법칙과 그 모든 게 나한테 주어져 있다는 걸 알고, 과거에 내가 어디서부터 거쳐 왔다는 것도 알게 되고 그렇게 되는데 어째 자기를 모를까? 왜 자기를 믿지 않을까?' 하고 생각했습니다. 깨닫고 안 깨닫고 그건 떠나서라도 왜 자길 못 믿을까 이겁니다.

여기 수많은 사람들이 거쳐 갔습니다마는 난 어떤 때는 그런 생각도 합니다. 없는 사람이 어떤 때는 자기 손가락에 끼워 보지도 못했던 반지 하나를 빼 놓을 때도 있었습니다. 물론 너무나 소중한 그것이라도 빼 놓을 수 있는 그 정성은 지극하지만 그것 하나를 빼 놓을 수 있는 정성보다도 나는 '자기를 좀 믿어 줬으면' 하는 겁니다. 내가 참 답답한 게 많습니다.

불제자의 가치

부처님이 오시기 전에도 진리는 있었습니다. 그러나 우리가 먹어 보지 않고 해 보지 않고 보지 못한 것은 생각도안 납니다. 부처님께서 이 세상에 나셔서 참스승으로서 우리한테 설하신 그 뜻이 헛되지 않게, 여러분이 뜻을 가지고행하시는 그 마음이 진실하다면 불제자의 가치가 있지만여러분이 하나하나를 분별한다면 자격이 없는 것입니다.

내가 벌레 속에 들어가 보지 않으면 벌레의 심정을 알수 있겠습니까? 그렇기 때문에 마음으로 분별하지 말고침착하게 놓으세요. 모르는 사람을 보면 과거에 내가 모를때의 모습으로 보시고 아주 차원이 높은 사람을 본다면바로 배우기도 하고, '내 마음속의 주인공 안에서 다 같이 하고 있으니까 그 뜻을 알 것이다.' 하는 생각으로 주인공에 감사하게 놓는 것입니다.

둥근 마음

부처의 마음은 둥글기 때문에 너 아님이 없고 나 아님이 없습니다. 둘이 아닌 까닭에 모두가 둥글죠. 가만히 있으면 둥글고, 마음을 냈다 하면 법이고, 몸을 움죽거렸다 하면 화신입니다. 부처님, 법신, 보현신이 따로 있는 줄 아는데 그게 아닙니다. 부처님 한 분이면 이 세계뿐만 아니라 우주 삼천대천세계로도 다 일체제불이요, 일 불이라는 말입니다. 일체 법이 한 법이고 한 법이 일체 법입니다.

한 이름

자생 부처가, 자생 중생이 즉 마음입니다. 마음이라는 이름과 부처라는 이름과 중생이라는 이름이 동일합니다.

마음의 말

이론적으로 모든 걸 배우려고 하지 마시고, 마음의 말을 해 놨으면 마음으로 그 말을 새겨서 자기 걸로 소화를 시켜서 활용하는 것이, 그것이 바로 자성법입니다. 욕심 많게 부처를 구하려고 애쓰지 마세요. 어리석은 사람들은 부처를 구하지만 지혜로운 사람은 마음을 구합니다. 지혜로운 사람은 마음을 다스리지만 어리석은 사람은 몸을 다스립니다.

자기 열매를 맛보려면

"부처의 그 몸과 내 몸이 둘이 아니요." 하는 것은 저 우주의 목성이나 어떠한 은하계나, 대천세계의 대 성주나 이것이 다 내 마음 요 한 점에 같이하고 있다는 걸 아셔야 됩니다. 그런데 하물며 어디다가 빌어서 내가 잘되겠다 하겠습니까. 용왕님, 하나님 그런 것을 멀리 찾지 마시고 모두 그 한 점에 다 들어 있다는 것을 아셔야 됩니다. 내 마음이 한 티끌이라면 티끌 속에 삼천대천세계가 다 들어 있다는 걸 아셔야 돼요. 그런데 이것을 따로따로 각각 두면서 온통 돌아가니까 세상에 억겁을 거쳐서 돌아도 이건 깨닫지 못하는 것입니다.

그래서 "둘로 보지 마세요.", "둘로 보지 마세요." 하는 것입니다. 생시 때 둘로 본다면 꿈에도 둘로 볼 것이고 죽어도 둘로 볼 것이고, 연방 한마음으로 돌아가지를 못하고 그 능력을, 자기 나무에 자기 열매가 무르익은 그 맛을 볼 수가 없습니다. 자기의 그 한 나무의 무르익은 열매는 만 가지 맛이 나니, 한 가지 맛만 보고 '이런 맛은 이렇다' 하고 고집하지 마세요. 뚜렷하게 내세울 게 없는 것이 부처입니다.

한마음으로 운집하는 시간

예불은 이 정성을, 이 마음을 스님네들이 내면 온 누리의 일체 보이는 생명이나 보이지 않는 생명이나 모두 한마음이 돼서 운집하는 그런 시간이거든요. 삼세의 뜻을 한마음으로 쥐고 아침에 하든 점심에 하든 저녁에 하든 이렇게 같이하는 것입니다. 그러면 거기를 가도 한마음이요, 여길 와도 한마음이요, 집엘 가도 한마음이요, 한마음은 다 마찬가지지만 그래도 스님네들이 한마음을 내서 할 때는 같이 기울여서 하는 것이 좋겠습니다.

백지장도 마주 들어야 쉽습니다. 하다못해 창호지를 발라도 그렇고 도배를 해도 그렇고 혼자서는 어렵습니다. 바르는 놈이 있으면 붙이는 놈이 있고 붙이는 놈이 있으면 바르는 놈이 있고 이렇듯이 우리가 그렇게 해 나가야 된다는 말입니다. 그러면 예불을 모시는 사람이 있다면 예불에 대해서 한마음이 돼서 같이하는 사람이 있어야 신심이 돋아지고 스님들의 마음도 '아유, 저 사람네들, 저분들….' 이렇게 신심이 생길 것 아닙니까? 그런데 '너 중은 그러거나 말거나 나는 그저 이 주인공만 찾으면 된다니까….' 한다면 이것은 개별적인 마음이지 포괄적인 마음이 아닙니다.

부처님과 둘 아니게

우리 절에 부처님을 한 분만 모셔 놓은 것은 그 부처님이 여러분과 몸이 둘이 아닌 것이요, 여러분과 마음이 둘이 아닌 것이요, 여러분과 생명이 둘이 아닌 것을 꼭 아셔야 되기 때문입니다.

|

법당에 들어오면 저 부처님 안으로 다 들어가시고, 놔 버리시고, 자기 모두를, 자기 몸뚱이까지 저 부처님한 테 놔 버리시고, 나갈 때는 여러분 주인공에 저 부처님 까지도 다 한데 놔 버리십시오. 마음 그 자체가 공이니 까요. 그렇게 항상 양면을 놓고 가는 반면에 무심으로 갈구하는 그 마음은 아주 간절해야 됩니다.

하루 세 번의 예불을 모시는 이유

우리가 예불을 모시는 게 그냥 보기 좋으라고 하는 게 아닙니다. 이 삼보에 귀의하는 것을 생각해서 아침은 과거고 점심은 현실이고 저녁은 미래로 따져도 됩니다. 그것을 한데 합쳐서 삼심을 일심으로 두고서, '한마음 공덕이 되게끔 할 수 있는 것은 당신밖에 없노라.' 하고 이렇게 예불을 모시고 있습니다. 그런데 어떤 사람은 '내 한마음에서 하라니까 뭐, 한마음에서 하면 됐지. 주인공만 찾으면 됐지.' 이러고선 법당에 안 들어가는 경우가 있습니다.

겸손하지 못한 마음이라면

부처님 앞에 가서 예배를 올리지 말라고 그러는 게 아닙니다. '부처님의 마음이 내 한마음이요, 부처님의 몸이 내 한 몸이니 어찌 내가 예배를 올리지 않을 수 있겠느냐.' 하고 그렇게 예배를 올린다면 그게 다 한마음 도리입니다. 그런데 초하루 보름이 돼도 '이거 뭐, 내가 내 마음 찾으면 된다는데.' 이러고선 그냥 불뚝불뚝하는 그런 겸손하지 못한 마음이라면 자기 부처한테도 겸손하지 못한 것입니다, 그것은. 항상 자기 자만심이 자기 주인공의, 즉 부처님의 마음 자체 위에 서서 항상 잘났다고 하는 것이기 때문에 그 주인과 더불어 같이 이렇게 바란스가 맞아질 수가 없습니다. 그러니까 발견할 수가 없다 이 소립니다.

예를 갖추는 마음

법당에서는 세 가지 지켜야 하는 예절이 있습니다. 부처님 앞에 가서 모두가 삼정례를 깍듯이 하는 것은 부처님도 내 한마음 속에 계시니까, 바로 부처님의 뜻과 법과 행이 같이 한마음이 된다는 뜻에서 삼정례를 하는 것입니다. 그리고 촛불을 켜 놓는 것은 바로 우리 산 사람들의 마음을 말하고, 향을 켜 놓는 것은 영령들의 양식을 말하고, 공양미를 해 놓는 것은 여러 사람들의, 죽은 사람이나 산 사람이나 모두 한 그릇을 놓고 중생들을 다 먹이는 태양과 같고, 다 먹이고도 되남는 그런 씨앗과 같은 것입니다.

그런데 잘못 생각을 해서 '나는 뭐, 법당에 안 가도 되지.' 이런 생각은 버리셔야 될 겁니다. 이게 알고 보면 부처님 형상도 자기요, 마음도 자기요, 생명도 자기요, 모두가 자기 아님이 없기 때문에 부처님도 나요, 내 마음속에 있는 것이요, 내 뜻에 있는 것이요, 다 그렇습니다. 그렇다면 우리가 여기 절에 왔으면 벌써 예를 지켜야 하겠기에 법당에 올라가는 것 아니겠습니까? 그런데 그렇게 하지 않는다면 앞에 닥친 것을 마다하고, 뿌리치고 도망가는 것과 같습니다.

항상 앞에 오는 것을 막지 말고 싫다 하지 말고 가는 것을 잡지 말라고 했습니다. 어떻게 가르쳐야 지혜가 모두 턱 터져서, 사방이 툭 터지고 지붕이 없고 시간과 공간을 초월해서 돌아갈 수 있는 그런 대인이 되겠습니까? '이것은 싫다, 저것은 좋다', '이것은 좋다, 이것은 언짢다' 하는 것을 떠나라 하는 것은 항상 다가오는 것 마다하지 말고 가는 것 잡지 말라 이런 것입니다. 융통성이 있어야죠, 사람이. 그게 지혜입니다.

안팎이 없이 그렇게 겸손하고 알뜰하게

줄창 말하듯이, 여러분이 기본 상식과 양심과 교양, 이런 것은 타고납니다. 인간으로 태어났기 때문입니다. 고등 동물로서의 인간으로 태어났다면 부처님 될 수 있는 가능성을 70% 80% 90%를 가졌기 때문에 그런 것입니다.

그렇다면 "남을 해롭지 않게 한다는 마음을 가져라." 이런 것도, "그것도 버려라. 저것도 버려라." 한다고 해서 그런 마음을 내지 말라는 게 아닙니다. 부처님 앞에 가서 예배 올리지 말라는 말이 아닙니다. 어디 가나 부처님의 마음과 자기 마음이 둘이 아니기 때문에 항상 예를 올리고 또 배拜를 합니다. 자기 하나하나 움죽거림에 의해서 항상 자기 내공에서 하고, 내고 들이고 내고 들이고 한다는 것을 알게 된다면 항상 예배 올리는 것이요, 항상 탑돌이를 하는 것이요, 항상 향을 피우는 것이고 그런데, 그러면 그렇게 마음으로만 하지 어째서 갖다가 올려야만 하느냐.

그럼 여러분, 마음으로만 먹지 밥을 왜 먹습니까? 아, 마음으로만 먹지 왜 밥을 먹어요? 마음으로만 먹어도 배부르다면 그냥 마음으로만 잡숴요. 그리고 벌이할 것도 없고 일할 것도 없죠. 어디까지나 부처님 법을 아시는 분이라면 밥을 먹되 내가 한 그릇을 갖다 놓고 위로 예를 올리고 자기 한마음이….

한마음 도리란 게 무엇입니까. 역대의 삼세의 부처님들이 다, 유생 무생의 어떠한 생명도 빠짐없이 한데 합쳐서 내 내공에 있으니까 그저 '감사합니다' 하는 마음으로 밥 한 그릇을 먹는다면 삼천대천세계에 그 공양을 다 올리고도 남음이 있는 예배가 됩니다. 집에서는 그렇게 하되 사원에 오면, 법당에 올라가면 공양 한 그릇 올리는 것도 역시 그와 마찬가지다 이겁니다. 안팎이 없이 그렇게 겸손하고 알뜰하게 해야 되는 거지, 그렇게 말한다고 해서 법당에 와서 아무렇게나 생각을 한다면 여러분이 아무렇게나 생각한 것만치 아무렇게나 될 것입니다.

자물통과 열쇠

'부처님은 어디 있고 나는 어디 있나?' 이렇게 보지 마시고 자물통은 부동한데 열었다 잠갔다 하는 열쇠는 바로 자기 마음 내는 것입니다. 마음 내는 것은 열쇠요, 자기 영원한 생명의 불성은 그대로 자물통입니다. 자물통이 없어도 안 되고 열쇠가 없어도 아니 됩니다. 그것은 둘이 아닙니다. 항상 같이하고 있습니다. 우린 자물통이 없어도 아니 되고, 열쇠가 없어도 아니 되고, 열쇠를 열고 닫고 하는 육신 이 자체가 없어도 아니 됩니다.

마음의 열쇠

별의별 설법이 다 필요하지 않습니다. 오로지 내가 나를 굴릴 줄 알고, 내가 내 몸속에 있는 자생 중생을 굴릴 줄 알고, 그 자생 중생을 굴릴 줄 알아야만이 바깥의, 외부의 모든 만 생명들의 그 의식을 같이 굴릴 수 있습니다. 마음을 조절할 수 있는 것입니다.

그러니 악하게 마음을 먹는 자는 미해지지만, 악하지 않고 조건 없는 사랑을 할 수 있는 마음의 지혜가 넓은 사람은 반드시 자유스럽게 실천에 옮겨질 것입니다. 악한 자에게는 열쇠가 돌아가지 않지만 진실하고 착한 자에게는 열쇠가 돌아갑니다. 내 마음을 쓰는 것은 우주간 법계에까지 통신이 되고 전달이 되는 것이기 때문입니다.

도에 이르려면

진실한 마음, 기대지 않는 마음, 남을 헐뜯지 않는 마음, 남을 증오하고 업신여기고 둘로 보고 앙심을 먹고 이러한 마음이 몰락 없어져야 이름해서 도에 이를 수 있는 것이지, 내가 둘로 보고 항상 증오하고 이것 끄달리고 저것 끄달리고 한대서야 어찌 도에 이를 수 있겠습니까.

한눈에 우주가 밝았다는 것

자기 마음의 부처가 자기 육신의 중생에게 이익을 줄 수 있어야 남의 육신에도 이익을 줄 수 있고 남의 마음과도 싱그럽게 오고 감이 없이 서로 통하게 되어, 에너지와 같이 이렇게 통해서 한마음으로 돌아갈 수 있는 그런 이치가 되므로 한눈에 우주가 밝았다고 하는 것입니다. 자기가 공했기 때문에 마음조차 공했고, 마음이 공했기 때문에 세상이 공했고, 세상이 공하기 때문에 우주 전체가 다 공한 것입니다.

달과 해가 내 마음에

진실한 마음으로 거짓 없이 행을 하고, 거짓 없는 말을 하고, 거짓 없는 뜻을 가지고, 달과 해와 모든 것이 자기 마음 안에 들어 있다고 생각하면서, 그 들어 있다고 생각하는 그 밝음을 항상 부모에게 연결을 하고 항상 자식에게 연결을 하세요. 그럼으로써 자식을 밝게 비추어서 자기 길을 자기가 아주 끄달림 없이 밝게 해 나가는 동시에 부모는 부모대로 그 길이 훤히 터져서 그렇게 밝게 길을 걷게 됩니다.

"부처란,

부처에게 절을 하지 않고도 항상 절을 하고 있고

계법을 지키지 않으면서도 세상 법에 어긋나지 않으며

남을 제도하지 않으면서도 전체 제도를 하느니라."

"부처님을 믿고
부처님의 말씀을 믿는다는 것은
우리가 본래 부처임을
믿는 것이다."

03

주 인 이 있 으 니 너 는 쉬 어 라

이름하여 주인공

마음의 밝은 빛은

내공의 능력

주인이 계시다면

육신의 주인

영원한 생명의 근원

마음의 검

공심의 주인공

이름이 없어도

그 하나마저도 없다는 것은

일체 만법이 한자리에서

비우기 이전에 비어 있는 법

뿌리 없는 나무 없듯이

환상의 콤비

주인이 있으니 너는 쉬어라

과녁의 중심

주장자

은산철벽을 넘으려면

숨 쉬는 것조차도

그대로 여여하게

나 하나를 버린다면

모든 걸 묘미 있게

되고 안 되는 모든 것을

그저 놓는 일밖에는

안에다 굴려서 놓으면

진짜 없애려면

그냥 이판사판으로

허망한 그 속에 참됨이 있으니

원형 속의 한생각에

백 퍼센트의 삶

이렇게 관하라

놔라. 맡겨라.

물러서지 마라.

그리고 감사해라.

너와 더불어 모든 일체를

다 바로 쉬어라.

이름하여 주인공

태초도 내 몸에 있고 화두도 내 몸에 있습니다. 참선이라 는 것은 생활에서 똥을 누든 밥을 먹든 자든 깨든 그대로 참선입니다. 여러분이 사회에 나가서 일을 한다 하고 펜대 를 붙들고 있다 하더라도 그건 참선입니다. 그건 자기 주 인공으로 인하여 자기가 움죽거리고 있는 것입니다. 자긴 바로 자기 주인에 의해서, 즉 운전수에 의해서 차가 움죽 거리듯 그럴 뿐입니다.

인간은 오온五蘊으로써 바깥 경계를 보고 안으로 들입니 다. 안으로 들여서 가미를 해 가지고 안에서 만법을 또 냅 니다. 이렇게 찰나찰나 우리가 쉬지 않고 가는 그 도리는 하나도 고정됨이 없이, 눈도 고정된 게 없고 귀도 고정된 게 없고, 말도 고정된 게 없고 만남도 고정된 게 없고, 가 고 오는 것도 고정된 게 없습니다. 그런 관계상 주인공이라 고 한 것입니다. 내가 어느 때에, 걸어갈 때 나라고 할 수 있으며, 어디 가서 누구를 만날 때 내가 만났다고 할 수 있겠습니까. 그래서 이름해서 주인공이라고 한 것입니다.

마음의 밝은 빛은

자가발전소는 아무리 전기가 꺼졌다 하더라도 항상 불을 켜 가지고 있습니다. 항상 밝습니다. 저 태양과 같이 밝으면서도 이 마음의 밝음은 땅속까지도 밝혀 줄 수 있다는 뜻입니다. 온 천하의, 온 세계의 어떠한 중생들이라도 다 밝혀 줄 수 있는 그 능력이 여러분에게 부여돼 있는 것입니다.

내공의 능력

참나는 개별적인 나가 아니라 포괄적인 나입니다. 유생 무생이 한데 합쳐지고 일체 만물이 다 합쳐진 이 내공에 의해서 모든 것은 자기가 할 탓입니다. 아니다 기다 이 언어가 붙지 않는 자리, 꿈이다 생시다 이러한 게 붙지 않는 자리, 시간과 공간이라는 말이 붙지 않는 자리, 생사윤회라는 말이 붙지 않는 자리, 그 자리에서 그대로 여여하게 내가 나를 이끌어 갈 수 있는, 하달을 할 수 있고 상신할 수 있고 한마음으로 돌아갈 수 있는 그 능력을 제대로 모든 사람들이 다 가진 것입니다.

주인이 계시다면

여러분이 저녁 먹을 쌀이 없다 할지라도 그 주인이 계시다면 먹을 것이고, 주인이 안 계시다면 못 먹을 것입니다. 못 먹는 거든 먹는 거든 주인에게 맡겨 놓으라는 말입니다. 엎드러트릴 수 있는 힘이 있다면 젖혀 놓을 수 있는 힘도 있고, 굶게 할 수 있는 능력이 있다면 먹게 할 수 있는 능력도 있을 것입니다. 그건 누구냐? 천 년을 오면서 자기를 인도환생으로 끌고 온 자기 장본인이다 이겁니다.

육신의 주인

이 육신의 옷을 벗게 하는 것도 주인이요, 벗지 않게 하는 것도 주인입니다. 이 세상에 나온 것도 주인이요, 이 옷을 벗는 것도 주인입니다. 그렇기 때문에 주인은 입은 것도 없고 벗은 것도 없습니다.

영원한 생명의 근원

한시도 끊어지지 않고 숨 쉬는 그놈이 바로 주인공이라고
한다면, 끊어지지 않고 돌아가는 그것이 영원한 생명의 근
원이라고 봅니다.

마음의 검

여러분도 그 지팡이는 누구나가 다 가지고 있습니다. 그 지팡이는 지수화풍으로 뭉쳐진 한 개의 승화된 마음이라는, 바로 한 주장자라는 지팡이입니다. 그럼 '그 지팡이가 모든 것을 해결을 할 수 있다' 하는 문제를 가지고 있는 것입니다. 그런데도 여러분은 자기 마음으로 자기가 지어서, 자기는 미거하고 모르고 하나님이 나를 구해 주시고, 부처님이 나를 구해 주시고, 모든 신의 이름들이 나를 구해 주는 줄 알고 착각을 하고 있습니다.

그 주장자는 내 마음의 눈도 되거니와, 아주 선의의 칼도 되거니와, 철퇴도 되거니와, 금방망이도 되거니와 빛의 검도 될 수 있는 것입니다. 불검도 될 수 있고, 수검도 될 수 있고. 그래서 우리는 그 검을 어떻게 쓰느냐. 우리는 그 네 가지로 형성된 하나의 주장자가 있기 때문에 다양하게 오관을 통해서 지금 바깥의 현실과 무無의 세계와 같이 혼합을 해서 쓸 수 있다는 것입니다.

공심의 주인공

우리가 '주인공' 할 때는 공심으로 맡기는 것입니다. 공심에다가 자기 마음을 더불어 같이 첨보시키는 것입니다. 그렇기 때문에 내 마음까지, 역대의 조사들 마음까지, 부처님, 중생들 마음까지 다 거기에 한데 합쳐서 들어가는 것입니다. 그러니 자기의 몸속에 들어 있는 악업 선업 이 자체도 첨보되는 것입니다.

그렇기 때문에 '주인공' 하면 뜻으로 '아, 여기는 스님네들이나 부처님이나 이 업식들, 중생들이 다 포함되는 거로구나.' 하는 걸 인식해야 됩니다. 여러분은 그렇게 생각을 안 하고 그냥 둘로 보고 '아이구! 나는 힘이 없어.' 그러면서 스님한테다 불쑥 내미는 그런 마음새들을 모두 가지고 계신단 말입니다. 죽으나 사나 자기가 벗어나야 할 지경인데도 불구하고…. 남이 자기를 벗겨 주는 것이 아닙니다.

이름이 없어도

내 내공의 주인공이라는 것도, 스스로 알게 되면 주인공이
란 이름이 없어도 전 우주가 그윽한데 주인공이란 이름을
꼭 붙여야만 되겠습니까? 그러나 배울 때는 그게 필요합
니다.

그 하나마저도 없다는 것은

누구나가 다, 내공은 하나씩 다 가지고 있습니다. 이 우주 법계가 다 공해서 하나로 돌아가는 이치지만 그 하나마저 도 없다 하는 것은 시시각각으로 여러분이 이 일도 하고 저 일도 하고, 저 생각 이 생각 하니까 그렇게 그것이 공했 다는 것입니다. "몰락 놔 버려라." 하는 것하고도 거기 관 련이 돼 있습니다. "놔 버리되 그대로 여여하게 해라." 하 는 말입니다.

일체 만법이 한자리에서

듣는 것도 새겨서 굴려 놓고, 감사하게 놓고, 물러서지 않는 마음을 진실하게 가지고, 하나하나 움죽거리는 것이 다 나와 더불어, 상대와 나와 둘이 아니게 항상 주인공에서 일체를 다 한다는 걸 아셔야 합니다.

비우기 이전에 비어 있는 법

여러분에게 마음을 비우라 하기 이전에 아주 탕탕 비어 있습니다. 그런 걸 왜 모르십니까? 본래 비워져 있습니다. 돈을 억만금을 가졌다 하더라도 그건 가진 게 아닙니다. 비었습니다. 자기의 추에 의해서 그냥 돌아갈 뿐입니다, 재산도 모두가. 여여하게 쓰십시오. 여여하게 사랑하고 여여하게 쓰시고 여여하게 그냥 하십시오.

뿌리 없는 나무 없듯이

뿌리 없는 나무는 없으니까, 뿌리로써만이 살 수 있으니까 뿌리에다 놓는 것이 바로 중용입니다. 모든 것이 뿌리에서 나옴으로써 싹도 있듯이, 주인공 그 자체의 뿌리가 있기 때문에 몸이 있는 것입니다. 몸이 있으니까 움죽거림이 있고. 그러니까 그 중심 주인공에 모든 것을 맡겨 놓고 그대로, 자기 생각 돌아가는 대로 그대로 밀고 나가는 것이 바로 중용입니다.

환상의 콤비

자동차를 너라고 하지 말고 자동차 속의 운전수를 너라고
해라. 믿어서 너를 발견한다면 운전수와 자동차가 콤비가
돼서 항상 같이할 수 있어서 살기가 유유하니라.

주인이 있으니 너는 쉬어라

'행주좌와 어묵동정'이라는 말이 있듯이 일거일동이 참선 아닌 게 없습니다. 참선 아닌 게 없기 때문에, 뛰면서 생각하고 생각하면서 뛰지 않으면 안 되는 이 세상이기 때문에 시대에 맞추어서, "눈 하나 깜빡거리는 것도 참선이다. 그러니 모든 일체를 쉬어라. 놔라. 맡겨라. 물러서지 마라. 그리고 감사해라. 너의 몸뚱이는 네 주인의 시자밖에 되지 않으니까 그 시자가 주인에 의해서 움죽거릴 뿐이지 너는 쉬어야 된다. 너와 더불어 모든 일체를 다 바로 쉬어라." 하는 것입니다. 종 문서를 놓지 않고는 절대 그 문을 통과할 수가 없습니다.

과녁의 중심

내가 있음으로써 내 주인이 있고, 그 주인이 있음으로써 나를 끌고 다닙니다. 그러니까 그렇게 아시고 활을 쏠 때 진짜 자기한테, 진짜 쏘십시오.

주장자

주장자는 하나의 근본으로만 있는 게 아니라 사방을 돌아갈 수 있습니다. 프로펠러처럼. 하나의 주장자가 있다면 그 프로펠러는 항상 돌아가는 것입니다. 쉴 사이 없이.

은산철벽을 넘으려면

주인공은 어떠한 목표가 세워져 있는 것을 주인공이라고 하는 게 아니라 세워져 있지 않기 때문에, 천차만별로 찰나찰나 나투기 때문에, 그리고 옮겨 가기 때문에 주인공이라는 걸 아셔야 합니다. 여러분이 남한테 화두를 받아서 공부한다면 절대적으로 은산철벽을 넘지 못하고 뚫지 못한다는 것을 진짜로 아셔야 할 것입니다. 못났든 잘났든 자기, 참자기로부터 그 철벽은 뚫릴 것입니다.

숨 쉬는 것조차도

모든 것을 함이 없이 하는 겁니다. 진짜로 거기다가 모든 것을 맡겨 놓고. 숨을 들이쉬고 내쉬는 것까지도 거기니까. 내쉬고 들이쉬지 못하면 죽고, 들이쉬고 내쉬지 못하면 죽고, 이러는 것조차도 거기니까.

그대로 여여하게

여러분에게 이 모든 믿음에 대해서도, 모든 행에 대해서도, 생활에 대해서도 "몰락 모든 것을 놔 버려라." 하는 것은 내 내공이 한마음이요, 한뜻이요, 한 움죽거림이니까 그것을 너만 가진 것도 아니고 나만 가진 것도 아니고, 각각 다 가지고 있기 때문입니다. 그것이 여여하게 그대로이니 부처님의 심오한 뜻을 알고서 그대로 행하라는 것입니다. 이리로 치우치고 저리로 치우치지 말라 하는 뜻에서 이것을 "몰락 놔 버려라." 한 것입니다.

나 하나를 버린다면

여러분은 마음 하나 잘 먹으면 한생각에 뛰어넘어지고, 마음 하나 잘못 쓰면 이리로도 갔다가 저리로도 갔다가 하죠. '나'라는 조건을 버린다면 천야만야한 낭떠러지도 디딜 수 있는 것입니다. 믿고 디딜 수 있어요.

모든 걸 묘미 있게

첫째, 믿어야 합니다. 둘째, 믿는 반면에 안되는 것은 잘 생각을 해서 '과거에서부터 이렇게 끌고 가는 당신만이 할 수 있는 것' 이렇게 생각을 해서 거기다 맡겨 놓고 진짜로 믿는 것입니다. 잘되는 건 감사하게, 진정으로 감사하게 거기 맡겨 놓고. 셋째는, 원망스럽고 그렇더라도 상대를 원망하지 말고 내 탓으로 돌려야 합니다. 자기가 자기 탓으로 돌리고 모든 걸 묘미 있게 지혜 있게 해야 됩니다. 이것을 감사하게 놓고, 돌려서 놓고 이러란다고 또 그것만 그러지 말고 자기 스스로 마음을 발전시키라는 것입니다.

되고 안 되는 모든 것을

‘나는 언제 이런 공부를 하나.’ 이런 것도 좀 거기다 맡겨 놓으시면 좋겠습니다. 또 ‘내가 빨리 해야지.’ 하는 것도 거기다 맡겨 놓으셨으면 좋겠습니다. ‘되는 것, 안 되는 것을 거기에서 관장하고 열쇠와 자물쇠를 다 가졌으니까 거기에서 하시겠지.’ 이렇게 믿고 나갈 수 있는 믿음. 그리고 물러서지 않는다면, 감사함이 있다면, 모든 게 감사한 것입니다.

그저 놓는 일밖에는

생활 속에서 어떠한 괴로운 게 닥치더라도 '아이, 이것도 거기서밖엔 해결 못 하겠지.' 하고 탁 놔 버리세요! 그저 놓는 일밖에는 없어요. 그리고 돌아오는 일을 지켜봐라 이겁니다. 돌아오는 일을 지켜보면 거기서 체험도 얻을 수 있고 실험도 할 수 있고 그런 거죠. 그래서 자기를 발견하는 겁니다. 그럼으로써 물리가 터지고 지혜를 얻는 거지, 어떡합니까, 그거. 둘로 보면 안 됩니다.

안에다 굴려서 놓으면

가정에서 남편이나 자식들, 부모에게 나쁘다고 하지 말고, 잘못했다고 말하지 말고 싸우지 말고 안에다 굴려서 모든 걸 자기 전화통에다 놔라! 맡겨라! 거기서 하게끔 놔라! 그러면 저절로 돌아간다. 이 묘법을 어찌 알겠는가? 해 봐라! 왜 자기가 자길 못 믿는가? 아니, 길잡이를 믿으라는 게 아니에요. 따르라는 거지. 믿는 건 자기 보배, 자기만 믿으세요. 그 안에 다 들어 있으니까.

진짜 없애려면

여러분이 이 공부를 한다고 하시면서도, 주인공에다 맡긴 다고 하시면서도 살아온 습이 있기 때문에 때로는 그냥 몰 팡스럽게 말을 해 던지고, 몰팡스럽게 그냥 "너는 그렇게 하면 좋지 못해." 이렇게 하거든요. 때로는 자식들이나 부 부지간에도 "어휴! 저거 죽지도 않아." 이런 수도 있습니 다. 또 "무슨 원수로 태어나서 나를 이렇게 속을 썩이고 죽게 만드나!" 하는 그런 울부짖음도 있습니다. 내가 너무 잘 알아요, 아주.

그러나 그것을 다 없애려고 든다면 그게 그 속에서부터, 과거에서부터 나와서 인과성으로 온 업보인데 그걸 바깥으 로 말로 하고 그래서 없애려고 하면 그게 됩니까? 거기다 가 넣어서, 자꾸 새로운 입력이 들어가면서 앞서의 입력이 없어져야만이 그게 없어지고 착해지고 그럽니다. 공부하는 법을 대충이나마 이렇게 말해 드린 겁니다.

그냥 이판사판으로

이 마음의 법이라는 게 얼마나 중요하고, 얼마나 광대무변하고, 얼마나 묘한지 여러분도 자꾸 자꾸 자꾸 경험을 쌓으세요. 왜냐하면 과거에 지은 업보가 지금 그냥 없어질 리는 없어요. 그러니까 어떠한 고통이 오더라도 모든 것은 거기서 오는 거니까 거기다 맡겨 놓고 죽든 살든….

　뭐, 죽지 않는다는 법은 없어요. 그렇지만 그렇게 하면 육신이 망가졌다가도 다시 소생할 수가 있고, 더 안 살려고 그러면 더 살아지기도 하죠. 더 살 양으로 바둥거리면 더 안 살아져요. '이렇게 살 양으로 하면 더 안 살아진다더라.' 이러고 또 생각을 내진 마세요. 그냥 천연적으로 그렇게 돼야지, '에라! 그냥 이판사판이다.' 하고 그냥 놓는 그 마음이라야지 생각을 해 가지고 놓는 것은 그건 가假 마음이죠.

허망한 그 속에 참됨이 있으니

우리가 크든 작든 모든 게, 하나도 버릴 게 없다는 그 점을 아셔야 됩니다. 예전에 이런 말을 했습니다. "모든 걸 다 주인공에 맡겨 놓고 그렇게 가거라. 이 모든 물질은 허망하다. 모든 게, 하고 있는 게 전부 허망하지마는 그 허망한 속에 진실이 있다. 그 허망한 속에 참나가 있다. 그 허망한 속에 참법이 있다. 불가사의한 법도 거기 있고 묘법도 거기 있고 광대무변한 법도 거기 있다."

그러니까 그저 크면 큰 대로 거기 하나가 돼 주고, 작으면 작은 대로 하나가 돼 주고, 아주 티끌같이 쪼끄맣고 바늘구멍 하나 들어갈 수 없는 이런 마음이다 할지라도 거기 한마음이 돼서 자꾸 녹여 주면 점점점점 벌어져서 큰, 그냥 문 없는 문이 돼 버리고 맙니다.

원형 속의 한생각에

우주의 모든 일체 만물과 더불어 만생이 호흡을 같이하면서 돌아갑니다. 잠을 잔다고 해서 숨을 안 쉬는 게 아니듯 그렇게 끊어지지 않는 숨 쉼과 마찬가지로 진리가 그렇게 돌아가고 있습니다.

한시도 끊어지지 않고 숨 쉬는 그놈이 바로 주인공이라고 한다면, 끊어지지 않고 돌아가는 그것이 영원한 생명의 근원이라고 봅니다. 바로 이 근원으로 인해서 내가 숨을 쉬고, 생활이 이렇게 움죽거리게 되고 말을 하게 되고 쉬지 않고 돌아가니까 모두를 포함해서 원형을 이룬다는 것입니다. 그럼 과거도 원형 속에 있는 것이고, 미래 사후도 바로 원형 속에 있는 것입니다. 공空 속에 있다는 얘깁니다. 그러면 과거 미래 현재가 바로 이 공 속에서 현재 우리가 생각하기에 달렸다는 것입니다.

생각을 크게, 넓게, 걸리지 않게, 모든 것을 '거기서 나온 것 거기다 다시 놓자. 놓고 믿자. 그리고 물러서지 말자.' 한다면, 모든 탐욕과 창살 없는 감옥과 애착과 모든 게 몽땅 거기에서 끊어지게 돼 있습니다. 훨훨 마음의 창살을 벗어나는 것입니다.

백 퍼센트의 삶

오늘부터요, 모두 바깥에서 찾던 걸 안에서 구원을 받으세요, 안에서. 자기 주인공을, 그것도 이름입니다만 주인공을 첫째로 믿고, 내가 손가락 하나 움죽거리는 것마저도 그 주인공에서 형성된 거니까 모든 건 주인공에다 일임해서 놓고, 믿고, 감사하고, 마음을 편안하게 두라는 말입니다.

하나하나 하는 것마다 모두 주인이 하는 것이지 내가 하는 게 아닙니다. 그렇게 한다면 무無의 법으로나 유有의 법으로나, 내가 육신으로 다니는 거나 안 보이는 데 돌아다니는 마음이나 아주 다양하게 안팎을 50%, 50% 한데 합쳐서 참 100%를 만들어서 응용할 수 있는 생활을 할 수가 있습니다.

이렇게 관하라

자기 모든 것을 들이고 내는 그 자체가 바로 공이다. 그 공에서 나오는 것을 공에다가 다짐하고, 믿고 놓고, 거기다 맡겨 놓고서 물러서지 않는 그 마음. 그리고 거기다가 틈틈이, 앉아서 좌선할 때면 관觀하라. 일을 하면서도 관하고.

당신의 뜻을 알기 위해서, 당신과 둘이 상봉하기 위해서 이렇게 공부를 하고 있으니 나는 상봉하고 싶다고 관하라. 그리고 당신의 뜻을 알고 싶다고 관하라. 잘 때에도 '꿈에라도 당신이 나를 둘로 가게끔 하지 말고, 당신이 있기에 나를 형성시켰으니까 나와 더불어 내가 알게 해야 당신의 심부름을 하지 않겠느냐.' 하고 관하라. 이렇게 해서 홀연히 깨친다면 그렇게 할 말도 없어진다. 모두가 없어진다. 그대로 그냥 하는 것이 된다.

"공한 세계에 왜 '나'라는 게 붙는가.

고뇌니 아픔이니 하는 그런 것에 한계가 있던가.

거기에 '나'가 붙으면 꼬리도 붙잡을 수 없으니

곧바로 들어가라.

턱 놓으라."

04

나오는 그 자리에 다시 놓으면

삶의 최우선 순위

엎어진 그 땅을 짚고 일어나듯

놓을 수가 없기는!

지은 그 자리에서 해결해야

한순간 뛰어넘어라

마음 몰이

되는 것도 안 되는 것도

버리는 게 아니라 녹이는 것

용광로에 자꾸 넣는 작업

자기 마음의 줄을 자기가 쥐고

자기가 바로 주인공이니

다 버려서 다 얻는 것

믿음으로써 놓는 것

무조건 뛰어넘어라

아무리 불러도

믿음과 패기

눈물 한 방울을 흘리더라도

믿음의 공덕

이 마음 하나를 공부하면

몸과 마음의 진화

진법을 이루는 길

주처에서 주처로

자기를 가르치는 채찍

바깥으로 빛이 나오게 하려면

양면을 다스리는 중도

유람선과 무람선

눈앞의 일부터 궁극의 진리까지

선류은 뭉쳐야지 흘트리면 안 되는 것

맡겨 놓는다는 것은

바로

믿는다는 것이다.

삶의 최우선 순위

살아가면서 해야 할 제일 첫째 작업이 무엇이냐. 나, 한마음 주인공에 모든 걸 맡겨 놓고 산다. '우리 식구나 나의 모두, 나의 마음도 전부, 일생 동안 들이고 내는 것이 모두, 작용하고 밥 먹고 잠자고 이러는 것이 거기에서 모두 해 나가는 것이다.' 이렇게 믿고 용도에 따라서 어떠한 조건이 온다면 '아, 이런 것도 거기서밖에는 해결을 못 한다.' 하고 딱 거기다 맡겨 놓고, 또 잘된 것은 감사하게 거기 맡겨 놓고 잘 안되는 것은 '안되는 것도 거기서 나왔으니까 되게 할 수 있는 것도 거기다.' 하고 거기 맡겨 놓고, 이렇게 모든 것을, 아주 그렇게만 해 나가신다면 의연히 자기 스스로서 알게 돼 있습니다.

엎어진 그 땅을 짚고 일어나듯

나오는 자리에다 되놓아라. 나오는 자리에다 되놓지 않으면 밖으로 얽매인다. 길을 가다 엎드러지면 그 땅을 짚고 일어나야 일어나지지 허공을 허우적거린다면 일어나지지 않는다. 그래서 되놓는 작업이 필요한 것이다.

놓을 수가 없기는!

여러분은 "이것은 이렇게 할 수가 없어서 놓을 수가 없습니다." 이러는데, 놓을 수가 없기는! 놓고 가면서도 놓을 수가 없다는 거라. 먹곤 싸 버리고, 하곤 없어지고 이러는 것을 항상 하면서도 그것을 놓을 수가 없다니 그게 말이 나 됩니까? 그건 생각으로 자기가 업을 지어 놓고 담을 쌓아 놓고 만날 걸리고 돌아가는 것이라. 자기 생각이 공했다는 이치를 알아서 좀 더 지혜를 넓히면 그 모든 걸 여여하게 하면서도 함이 없이 할 텐데도 불구하고 말입니다.

지은 그 자리에서 해결해야

내가 항상 얘기하죠? 녹음테이프에 말을 끝까지 잔뜩 녹음해 놨는데 한순간 어느 때에 그 테이프가 다 지워졌습니다. 왜? 내 마음이 한생각 달라져서 바로 돌아가다 보니까 자기가 해 놓은 말과 그런 것들이 다 지워져 버렸어요, 어느 순간에. 그와 같은 것입니다.

우리가 억겁을 내려오면서 죄업과 인과, 유전성 이런 것을 다 지었다 할지라도 일순간에 '그것은 아니다. 그것은 내 주인공에 의해서 모두 이렇게 된 것이지, 내가 하고 싶어서 한 것도 아니고 안 하고 싶어서 안 하는 것도 아니다. 단지 내가 지은 것이니까 바로 그 지은 데서 해결을 볼 것이다.' 거기서밖에 해결 못 한다는 믿음을 가지고 거기다 놓을 때에 바로 자기 불바퀴에 놔서 굴리니까, 즉 말하자면 용광로에 헌쇠나 나쁜 쇠나 쪼가리 쇠나 뭐든 놔 버리니까, 거기 넣어 버리니까 새로이 새 쇠로 생산이 돼서 또 다른 이름들을 가지고 진출하게 됩니다.

그와 같이 우리가 어떠한 일이 있어서 탁 주인공에 맡겨서 놓을 때에 '아, 이것은 내 주인공밖에는 해결할 수 없다.' 그러면 벌써 여기는 불바퀴에 돌아가는 것입니다. 재생이 돼서 나가는 형국입니다. 그래서 내 인간의 힘이 아

닌 그 불바퀴의 힘으로써 굴려져서 가고 옴이 없이 가고
오면서, 몸뚱이는 최선을 다해서 뛰면서, 가고 옴이 없이
가고 오는 이 마음의 도리 50%를 지금 보이는 세상에 충
당해야만이 우리가 살 수 있다는 얘깁니다.

한순간 뛰어넘어라

만약에 속이 상해서 와락 소릴 질렀다고 합시다. 그것도 바로 그대로 놓은 겁니다. 그냥 '한순간 뛰어넘어라' 이겁니다. 한순간 뛰어넘어야지, 그것을 붙들고 '아이구! 또 놓치고선 악을 썼구나.' 이런다면 허, 그럼 사람이 뭐, 말도 못 하고 악도 못 쓰나? 악을 쓰되 쓰지 말고 쓰지 않되 써라 이겁니다.

　여러분! 이것이 그냥 악쓴 것도 놓은 거고 악 안 쓴 것도 놓은 겁니다. 왜 자꾸 걸립니까? 그러니까 '이게 뭔가.' 하는 것도 놓은 것이요, '야, 이거 붙들지 않고 하루 종일 일을 했으니 또 놓쳤구나.' 하는 것도 놓은 겁니다. 야, 놓쳤다고 하는 것도 놓은 거고 붙들고 있다 하는 것도 놓은 거니까 다 놓으십시오.

마음 몰이

'이렇게 하는 게 옳은가, 저렇게 하는 게 옳은가.' 하고
자꾸 생각을 하는 것은 허공에 돈을 뿌리는 것과 같다. 에
너지를 헛되이 소모하지 말고 한군데로 몰고 들어가라. 그
러면 어느 때 "나한테 다 일임하고 너는 쑥 빠지는데 그
래, 나왔다! 어쩌겠느냐!" 하고 참나가 나온다.

|

순한 양처럼 되는 마음도 놓고, 악하게 나오는 마음도
놓고, 그러다 보면 언젠가는 나를 구성하고 있는 모든
것들이 다 한마음으로 순응한다. 항복을 받는다.

되는 것도 안 되는 것도

몰라서 그렇지, 보이지 않는 데 50%가 보이는 데 50%로 얼마나 지겹게 유발되는지 아십니까? 갖은 각색으로 사람의 마음을 괴롭게 하고 사람의 몸을 아프게 하고, 얼마나 괴로운데 그러세요.

그러니까 이 한마음 속에서, 몸속에, 배낭 속에, 모두 들어 있는 그 속에서 나오니까 '거기서 나온 거니까 거기서 해결해라!' 하고 모든 걸 한마음 주인공 거기다 되맡겨 놓으라 이겁니다. 거기서만이 해결할 수 있다는 거, 거기서만이 들이고 내고 살림을 다 한다는 거, 그것을 믿고 거기다가 모든 것을 다 맡기고 '거기서만이 낫게 할 수 있고, 거기서만이 이끌어 줄 수 있고, 거기서만이 가정을 화목하게 해 줄 수 있고, 안 되는 것도 거기서 나오는 거니까 되게 하는 것도 거기다.' 하고 맡겨 놓는 데에 역점이 있는 겁니다. 이게 바로 자성을 발견하는 데의 공부하는 참선입니다.

버리는 게 아니라 녹이는 것

잘못된 게 있다. 잘못된 게 있는데 '이거는 어떡하면 잘못
되지 않나.' 하고 내버릴 생각을 하지 말고 여기다 넣어서
녹일 생각을 하세요. 녹이는 과정이 있는 것도 아닌데, 힘
이 드는 것도 아닌데 왜 놓지 못합니까.

용광로에 자꾸 넣는 작업

잘못된 물건은 용광로에 넣어서 다시 물건을 생산해서 내도록 자비를 가져야 합니다. 물건이 잘못되고 녹이 슬었으면 용광로에다 넣어서 다시 좀 더 이렇게 해서 내면 좋을 것 아닙니까. 그렇게 거기다 넣으면 언젠가는 다시 생산이 돼서 나올 수 있는 그 기간이 있을 것입니다. 그런데도 불구하고 그걸 참지 못해서 "이 접시의 쪽이 떨어졌어." 이러면서 말을 하게 됩니다. 쪽이 떨어졌으면 쪽이 안 떨어지게 용광로에 넣어라 이겁니다. 용광로에 넣어서 다시금 쪽이 안 떨어진 것이 나오도록만 용광로에 넣고 말로 하지 말라. 왜?

지금 내가 바빠서 죽겠어. 지금 자꾸 용광로에 넣어서 다시 생산을 해내야 할 텐데, 생산되는 것은 나중이라도 자꾸 넣어야 될 텐데, 스스로 넣게 되고 스스로 용광로에서 새로 또 발견이 되면 '아, 그때는 이렇더니 새로이 이게 나오는구나.' 또 달리 보이는 때가 있고 달리 생각이 들 때가 있다 이겁니다. 물건이 다르니까. 달라졌으니까.

그러니까 고정되지 않다는 겁니다. 고정되게만 보지 말라는 겁니다. 하루에도 몇 번씩 마음이 달라지고 하루에도 몇 번씩 다른 행을 하고 고정된 게 하나도 없는데 어떻게 한 가지를 보고 고정되게 말을 집어낼 수 있겠습니까. 내일 다르고 모레 다르고 일 년 후에 다르고 몇 달 후에 달라질 그런 문제들을 가지고. 그러니 그 습을 놓지 못한 다면 고질병이라는 말입니다.

자기 마음의 줄을 자기가 쥐고

여러분이 과거에 어떻게 살았느냐에 따라서, 앞으로 어떻게 사느냐에 따라서 그 업식이 짊어져지고 과보가 짊어져지고, 유전성이 짊어져지고, 세균성이 짊어져지고 영계성이 짊어져지고, 어떻게 사느냐에 따라서 짊어져지거든요. 자동적으로 말입니다. 그것을 인과응보라고 했습니다. 이 모두가 자기가 한 대로인데 그것을 어떻게 벗어나서, 그 안에서 벗어나서 몽땅 집어서 공 굴리듯 굴릴 수가 있겠습니까.

이것을 '있다, 없다' 하는 것으로 '나는 업이 많아서' 이렇게 걸려도 아니 됩니다. 모든 생활에서 천차만별로 다가오는 것을 '네가 모두 일체를 한 것이니까 네가 알아서, 이것도 네가 타파해야만 되는 거고, 너만이 할 수 있고, 너만이 아픈 것도 낫게 할 수 있고, 슬기롭게 가게 할 수도 있고, 물리가 터지게 할 수도 있고, 자기가 근본 자기를 발견하게도 할 수 있다.' 모든 것은 그 속입니다. 잘못되는 것도 그 속이요, 잘되는 것도 그 속이니 마음을 다스려서 잘못되는 것은, '잘못됐다, 이것은 좋질 않다' 할 때는 마음을 좋게 내서 거기다 놓고, 좋게 됐다 싶으면 감사하게 놓고, 이렇게 해야만이 자기가, 즉 살면서도 죽은 도리가 되고 죽었으면서도 산 도리가 되는 것입니다.

그래서 생활 속에서 모든 걸 그렇게 놓고 돌아가면 거기서 체험이 되고, 어떤 것은 안 되기도 하지만 어떤 것은 되기도 합니다. 그래서 되는 것을 볼 때, 잘 돌아가는 것을 볼 때 체험을 하고, 체험을 하면 그 줄을 잡는 것이 바로 소고삐 쥐는 것과 한가집니다. 자기 마음을, 자기 마음의 줄을 자기가 쥐고, 잘못 나가면 잘못 나가는 대로 마음을 잘 내서 바로 거기다 놓는 것이 마음을 다스려서 놓는 것입니다.

자기가 바로 주인공이니

자기 따로 있고 주인공 따로 있는 게 아니라 자기가 바로 주인공입니다. 그러니까 주인공이 다 하는 것을 주인공에다가 되놓으라고 하는 것입니다.

다 버려서 다 얻는 것

"옆눈을 팔지 마라. 옆을 보지 마라." 했습니다. 죽는 것도 사는 것도, 옆에서 잘못하든 잘하든 그것을 개의치 마십시오. 잘못하는 것을 보더라도 '너하고 나하고 둘이 아닌데…. 전자前者의 몰랐을 때 내 모습이다.' 하고 안에다 놓아 버리세요. 한마음에 모든 걸 놓고 '둘이 아닌데, 그렇지 않게끔 하는 것도 한마음 주인공 아니냐!' 한다면 그쪽도 바꿔집니다. 그것은 마음과 마음이 통해서 바꿔져야지 말로, 육신으로 해서는 외려 더 업을 짓는 것이니 그건 안 통합니다.

그렇게 해서 모든 것을 놓고 가야만이 다 버려서 다 얻는 것입니다. 만약에 이것 잘못된 게 보이고 저것 잘못된 게 보이고 이러다가 언제 그 길을 갑니까. 언제 모든 것을 다 버리고, 모든 것을 하나도 버릴 게 없이 다 얻을 수 있겠습니까.

믿음으로써 놓는 것

열심히 지극하게 믿는 것이 중요합니다. 첫째로 믿고, 둘째로 아주 놓는 것! 믿기 때문에 놓는 것이거든요. 믿지 못하면 놓질 못합니다. 왜 자기를 믿지 못합니까? 남의 이름은 믿으라면 잘 믿으면서 왜 자기는 못 믿습니까? 못났든 잘났든 자기밖에 더 있나요? 그러니 믿고 그저 놔요. '거기서밖엔 끌고 갈 수 없다'는 것을.

|

말을 듣는 것만이 능사가 아니고 들었으면, 한번 새겨서 이 머리로 이해가 됐으면 딱 놔라! 주인공에다 놔라! 그것도 믿음직하게 믿으니까 놓는 것이라야지 믿지도 않고 그냥 '에이, 될 대로 돼라.' 그러고 놓는 게 아닙니다. 믿음으로써 놓는 것이지.

무조건 뛰어넘어라

믿는 마음이라면, 네가 잘났든 못났든 내가 너고 네가 나니까 무조건 뛰어넘어라. 점프를 해라. 믿는 마음이라면 그 통 안을 벗어날 수 있다. 진짜 감응이 된다. 진짜 너를 찾을 수 있다.

아무리 불러도

"주인공, 주인공" 하고 아무리 불러도 주인공이 응하지 않습니다. 내 뿌리를 내가 믿지 않는다면 말입니다.

믿음과 패기

믿음과 패기가 없고 용맹정진이 없다면 항상 방황하게 됩니다. 한 걸음을 떼도 무겁고 좀 더 인내성 있게 떼어 놓아야 할 것이고, 생각을 해도 좀 무겁게 하면서 종종걸음을 걷지 않도록 하고, 한 걸음을 떼어 놓아도 백 걸음 못지않게 뛸 수 있는 그런 믿음과 패기가 필요할 것 같습니다.

|

틀림없이 여기서만이 할 수 있다는 그 믿음! 이것이 바로 이 세상을 딱 뒤집어 놓고 바로 세울 수 있는 그런 용기와 패기가 생기게 하는 것입니다.

눈물 한 방울을 흘리더라도

믿음도 진실히 믿어야지 가짜로 믿으면 안 됩니다. 자기 자신이 더 잘 알지 않습니까. 그러니 어떤 가환이 있다고 값싼 눈물을 흘리지 마시고, 눈물 한 방울을 흘리더라도 참 새파란 눈으로 돌까지 뚫을 수 있는 그 믿음을 가지고 우십시오. 그러면 그 눈물 한 방울은 우주 천하가 다, 아니 닿는 데 없이 그 눈물이 닿을 것입니다.

믿음의 공덕

태산같이 든든한 믿음으로 푹 쉬게 되면 그 과정 중에 닥쳐오는 모든 어려움이 해결될 것은 해결되고 물러날 것은 물러나게 마련입니다.

|

참는 것이 아니라 모든 것을 다스릴 줄 알고, 다스리면서 거기에 참고 놓을 수 있는 그런 믿음이 진실하다면 기름은 항상 그저 자동적으로 넣어지는 것입니다. 자가발전소와 같기 때문입니다.

|

믿는 힘이 아주 강하고 물러서지 않는 믿음이라면 작으면 작은 대로 한 그릇이 되고 한마음이 되고, 크면 큰 대로 한마음이 되고 한 그릇이 되고, 이럴 줄 알아야 우리가 자유스러운 삶을 살 수 있다고 봅니다.

이 마음 하나를 공부하면

내 몸뚱이 안에 수없는 중생들이 있는데 이 마음 하나 공부하면 한마음으로 뭉쳐져서 그 모든 중생들이 바꿔집니다. 중생들이 보살로 바꿔집니다. 화하는 거죠. 바꿔져 가지고 털구멍을 통해서 들고 나면서 중생들을 제도합니다. 이 마음 하나를 공부하면 천백억화신으로 화하게 된다 이 소립니다.

여러분은 각자 자기 속에 수십억의 중생들이 들어 있다는 것을 잊어서는 안 됩니다. 여러분의 마음 하나가 몸과 행동과 말 등 모든 걸 다스리고 나가게 되면 몸속의 중생들이 다 다스리는 대로 진화가 되는 것입니다.

몸과 마음의 진화

마음이 아름답고 예쁘면 이 형상도 아름답고 예뻐집니다. 마음이 지혜롭게 나갈 수 있는 살림살이라면 주근깨나 기미 이런 것도 다 빠집니다. 이 속의 모든 중생들이 전부 자기니까 자기 마음이 그렇게 유하고 지혜롭고 남한테 부드럽게 하고 이익하게 마음을 내고 이익한 행동을 해 주고 아, 이러는데 뭐 때문에 파워를 일으키겠습니까?

|

우리 몸뚱이가 잘나고 못나고 크고 작고 이걸 떠나서 해야만이 불과 얼마 안 있다가 그냥 그 물질을 다 바꿉니다. 이게 진화예요. 물질만 바꾸는 게 아니고 마음도 전부 바꿔지는 거니까.

진법을 이루는 길

우리가 사홍서원을 아침마다 하고 저녁에도 하고 사시 마지 때도 하고, 항상 마음속으로도 하고 평상시에도 집에서 항상 그렇게 합니다. "끊으렵니다" 하고 말입니다. 망상 그런 것을, 모든 것을 끊고 중생을 "거두렵니다, 건지렵니다, 이루오리다" 하고선 외칩니다.

건지는 것도 아니고 끊는 것도 아니고 이룬다고 생각하는 것조차도 놓아야 됩니다. 그 모두를 맡겨 놓지 않는다면, 스스로서 내가 공하고 세상이 공했는데, 공한 가운데 나라는 존재를 어디에서 맛보렵니까? 나라는 존재를 맛을 못 보면, 내가 내 맛을 못 보고는 세상의 모든 갖가지 맛을 알 수가 없는 것입니다.

하나에서 만법을 통하고, 만법을 통하는 데서 한생각으로 들고, 들면서 또 통하고 이러는데, 한생각 나고 우리가 말을 하고 움죽거리고 자고 깨고 하는 것이 모든 게 바로 자기 주인공에서 나오는 것입니다. 나오는 건데 주인공이라고 했기 때문에 세울 것이 없는 것이죠. 그러면서도 우리는 웃고 즐기고 이렇게 다양하게 살고 있지 않습니까? 그것이 바로 자기가 진법을 이루는 데에 길이 되는 것입니다.

주처에서 주처로

주처主處에서 나오는 것 주처에다 다시 맡겨 놓는다. 믿고,
물러서지 않고, 감사하고 그렇게 놓는 데에 의의가 있다.

자기를 가르치는 채찍

주인공이 시킨다고 나쁜 걸 시키든지 좋은 걸 시키든지 다 하라는 게 아니에요. 나쁜 걸 시키는 것은 뜻을 보려고 하는 것이고, 좋은 걸 시키는 것은 그렇게 그냥 하는 것입니다. 그러니까 이 양면을 다 놓고 그 가운데서 마음을 잘 내서 생각을 잘해라 이겁니다. 그러니까 이래도 믿는 것이고 저래도 믿는 것이죠. 자기를 가르치는 채찍이니까. 가르치기 위해서 자꾸자꾸 뜻을 보는 것이니까. 가르치는 스승이니까. 자기 마음의 스승이니까.

바깥으로 빛이 나오게 하려면

운전을 하고 가는 데에 내가 발동을 걸어야 차가 가는데 '아, 주인공이 다 알아서 해 주니깐, 뭐.' 이렇게 하고 생각도 안 하고 가만히 있다면 장속에 금을 묻어 놓고 가만히 있는 것이나 마찬가집니다. 그러면 바깥으로 빛이 나오지도 않을 뿐 아니라 다른 모양, 모습으로 발전이 돼서 넓힐 수가 없습니다. 사람으로 치면 지혜가 넓어지지를 않는다는 말입니다. 그건 공空에 떨어진다는 얘깁니다. 이익도 없고 해로움도 밑질 것도 없습니다. 그러니까 편안하기는 하나 발전이 없는 것입니다.

양면을 다스리는 중도

못났더라도 자기를 믿어야 됩니다. 처음에는 자기를 바로 뿌리 없는 작대기로 알고 뿌리 없는 기둥에다가, 나오는 걸 모두 뿌리 없는 그 기둥에다 놔라. 자기 주인공에다 모든 걸 맡겨 놓으면 바로 그 속에서 홀연히 마음의 탄생이 되는 겁니다. 그걸 놓지 않고는 탄생을 이룰 수가 없어요. 탄생이 된다 하더라도 그 습을 녹이지 못하면, 항복받지 못하면 언제나 습에 끄달려서 깨달음도 미해지고 마구니처럼 그렇게 길을 잘못 드는 수가 많아요.

그래서 항상 "마음으로는 몸을 다스리고 몸으로는 마음을 다스려서 양면을 다 놔라." 이러는 것입니다. 공부하는 사람들한테 이런 말을 하지 않을 수가 없어서 하는 겁니다. 그러면 '주인공에 다 놓고 맡기고 하는 거라면 도둑질을 해도 괜찮지. 주인이 시키니까. 주인이 하는 거니까.' 이렇게 하고 놓을까 봐. 그래서 마음은 몸을 다스리고 또 몸은 마음을 다스려서 항상 균등하게, 평등하게 중도를 삼아서 항상 놓으라는 얘깁니다.

유람선과 무람선

내가 어떠한 일이 있어서 그 마음에다 맡겨 놓으면, 생각만 해서 맡겨 놓으면 바로 컴퓨터에 입력하는 것과 같습니다. 컴퓨터에 딱 나오면 거기에서 정리하는 것이 있어요. 그러니 거기다 다 맡겨 놔라 이겁니다. 이렇게 해서 들어간다면 이게 두 가지를 겸해서 공부하는 것입니다. 한쪽으로는 업을 녹이면서 한쪽으로는 생산을 이루면서 나가는 것이죠. 양면을 다.

그러니 놓는 게 따로 있고 드는 게 따로 있다면 공부하는 데 늦으니까, 드는 것과 놓는 것 동시에 같이 들어가라 이겁니다. 그것을 둘 다, 드는 것과 놓는 것을 다 놓는다면, 놓고 한생각을 돌린다면 그건 자기 의향대로 돌아가는 것입니다. 이 돌아가는 마음은, 즉 말하자면 유람선이 아니라 무람선이라. 형체가 없으면서도 그 배는 여여하게 돌아가니까 말입니다.

149

눈앞의 일부터 궁극의 진리까지

여러분이 하는 이 공부는 지금 현재 당장의 애로가 있는
것을 해결할 수 있는 묘법이니까 해결하면서, 나 공부하면
서, 나 발견하면서, 이 진리를 타파하면서 가는 이런 공부
예요. 만약에 이 몸뚱이가 벗어져도, 그것도 공부하는 사
람들의 차원이 있겠지만, 그래도 그렇다는 걸 믿고 알기만
해도 무난히 넘어갈 수 있다는 얘깁니다.

선禪은 뭉쳐야지 흩트리면 안 되는 것

우리가 잠시 이렇게 살다가 이 육신이 없어지면 아주 그냥 없어지는 줄 알지 마세요. 육신이 없어졌어도 그 혼백, 의식은 세상에서 살던 그 의식을 그대로 가지고, 이 세상에 다시 나온다 해도 그 차원을 그대로 가지고 또 그렇게 나오지, 금이 고철이 될 수도 없고 고철이 금이 될 수도 없습니다.

그래서 여러분한테 일러 드리는 것입니다. 육신은 아무것도 아니니 육신 속에 들어 있는 그 의식들, 모습, 생명들 모두 한데 합쳐서 한마음이라. 선禪은 뭉쳐야지 흩트리면 안 되는 것입니다. 뭉쳐서 놔야 된다. 각자 주인공에다 모든 것을 입력을 하고 놨을 때 앞서 입력이 없어집니다. 이게 입력이 되면 바로 두뇌로 통신이 돼서 두뇌의 통신이 바로 사대로 통신이 되는 것입니다. 사대로 통신이 돼서 모든 의식들을 내가 생각했던 마음으로 전부 이끌어 줍니다, 하나로. 그러니까 마음도 편안하거니와 몸의 병고도 없어질 수 있고, 체질도 바꿔질 수 있습니다. 그러니까 좋게 잘 다스리는 마음, 이끌어 가는 마음, 이 마음이 투철해야 되겠습니다.

"이 공부는

모든 걸 무효를 시키는 데 목적이 있는 것입니다.

잘되고 잘못되는 것을 다 그냥 무효를 시키면서

새로이 내가 원하는 모든 것을 개척해 나가는 거죠."

"여러분이 안으로 낱낱이 돌리면

거기에서 참자기가 바로 길잡이가 되는 것입니다."

"저는 이 세상에 나서 저를 화두로 삼고

저를 믿고 모든 것을 내맡겨 놓았습니다.

저의 생명까지도 다 버리고 죽었을 때에,

죽어서 내가 한 뿌리에서 싹이 났다면,

여러분이 아니었더라면 그 싹은 보이는 게 없어서,

그 비상한 만법의 응용을 또는 만법의 진리를

서로 체험하면서 이것을 깨치지는 못했을 겁니다.

그렇기 때문에 일체 만물 만생, 유생 무생 다 합해서

내 스승으로 생각하기 때문에

하루도 빠짐없이 마다하지 않고, 물러서지 않고

둘이 아닌 마음으로 아픔을 같이할 수 있는 그 정성,

그걸로써 여러분 앞에 항상 같이 있는 것입니다."

05

삶 이 라 는   수 행 터 에 서

마음의 나침반을 따라서

생활하는 그 속에서

자꾸 문을 열어 주면서

안으로 굴리는 그 마음은

부드러운 힘

본래 사랑하고 있기에

올바른 태교

생일의 의미

공양을 하는 마음

집안에 따뜻한 기운이 돌려면

무심으로 하는 도리

한 숨의 여유

마음의 밝음을 찾음으로써

이게 아니었더라면

모든 걸 한데 모아서

안타까운 일

한마음이 뭉치면

마음의 불기둥

업식의 바퀴에서 벗어나려면

마음은 한 찰나인데도 불구하고

마음 놀음

빈틈없는 법

모든 것을 맡겨 놓는다면

죽고 사는 걸 개의치 말고

오직 관할 뿐

올바른 살림살이

마음으로써 마음을 전달한다면

무조건!

내 안의 길잡이

아주 시원한 삶

뚜벅뚜벅 걷는 길

지혜의 무기를 굴리는 삶

싱긋이 웃고 넘어가는 여유

진실하게 행하면

스스로 짓는 농사

인간의 도의를 지키면서도

한 티의 불씨

고가 닥친다 하더라도

대장부 살림살이

악과 선의 교차로에서

언제나 어디서나

넓힌 그 마음이 무기가 돼서

본래 밝은 불

살아가면서

내 마음의 주장자를 내가 지녔다면

살아가는 그대로가

참선이며 기도며 생활입니다.

마음의 나침반을 따라서

이 세상 살아나가는 것이 전부 공부입니다. 하나하나 뉘우치면서 하나하나 진화되면서 창조해 가면서 우리가 살고 있지 않습니까? 고정된 게 하나도 없고, 고정된 행도 없고, 고정된 말도 없고, 고정되게 먹는 것도 없습니다. 단지 빈 그릇이 그저 일렁일렁 움죽거릴 뿐입니다. 단지 내놓으라면 내놓을 것도 없는 마음이 자기를 움죽거리고 갑니다. 그 마음이 선장이라면 바로 그 선장은 나침반을 놓고서 그냥 가고 있지요.

생활하는 그 속에서

모든 걸 믿고, 생활하는 데 하나하나를 점검하면서 체험하면서 돌아가십시오. 그렇게 되면 자기한테 일체 만법이 주어져 있다는 것을 스스로 알게 됩니다. 그것을 느껴 보지 않고 생각도 안 해 보고 지켜보지도 않았다면 그냥 무의미하게 넘어가 버리고 말지요.

우리 생활하는 것이 전부 공부입니다. 몸을 가지고 부딪치면서 공부를 해야 차원이 넓어질 수도 있고, 올라갈 수도 있고, 차원이 진화됩니다. 또 어리석어서 누가 일러 줘도 듣지 않을 때는 아주 좌천될 수도 있는 것입니다.

자꾸 문을 열어 주면서

내 이 마음 자체는, 인간의 마음 자체는 우리가 보고 듣고 들이고 내고 하는 데에 잘못되고 잘되고 그걸 알지만 이 속의 중생들은 모릅니다. 하자는 대로 따라갈 수밖에 없는 그런 중생들이에요. 그렇기 때문에 내 마음이 내 이 한마음 속에 모든 것을 넣고 자꾸 문을 열어 주면서 자꾸 코치를 해 나가는 것이 다스리는 것입니다. 그럼으로써 악한 것이 나왔다가도 선한 마음으로 거기다 맡겨 놓는다면, 앞서의 악한 그것이 없어지고 선한 마음이 거기에 종결돼서 현실로 나오죠. 그러니까 이것은 생활 과학이라 그래도 과언이 아닙니다.

안으로 굴리는 그 마음은

저는 이 마음으로 말없이 여러분한테 이런 말을 합니다. 듣기 싫은 말은 남편에게도 하지 말고 아내에게도 하지 말고 자식에게도 하지 말고 인의롭게 슬슬 돌려서, 거북하게 걸리지 않도록 말을 잘해 주면서 안으로 굴리라고요. 안으로 굴리는 그 마음은 절대적으로 그쪽 마음으로 전달이 되거든요. 왜? 내가 그쪽을 생각하고 생각을 했기 때문입니다.

역대의 선지식들도 부처님도 역대 조사들도 다 마음과 마음을 전달해서 우리가 한마음이라는 거지, 마음과 마음이 전달이 되지 않는다면 한마음이라고 할 수도 없거니와 진리라고도 할 수 없고 또는 묘법이라고 할 수도 없는 거죠. 만약에 그렇지 않다면 역대의 조사들이 어찌 쓰러져 가면서, 불을 태우면서 온갖 노력을 다해서 그 공부를 했겠습니까?

부드러운 힘

여러분이 한 가정에서 도반으로 사는데 가족이 아무리 잘 못했다 하더라도 잘못한 것에 대해 천연적으로 울화가 치밀고 이러지 말아야 합니다. 한군데서 들고 나는 것이니까 그 한군데다 몰락 되놓고 부드럽게 해 주세요. 부드럽게 해 주는 그런 작업이 필요합니다.

자성自性 부父를 상봉하기 위해서는 아무것도 가리지 말고 자기 탓으로 돌리고 부드럽게 해 주고 상대방을 원한 사게 하지 말고 마음 나쁘게 하지 말고, 모든 것을 거기다 놓고 욕심부리지 말아야 합니다. 자기 고삐를 잘 쥐고 다스리면서 잘 나갈 수 있는 그런 사람이라면 그릇이 비고 담기고 비고 담기고 해서, 빈 것도 없고 담긴 것도 없이 됐을 때에 비로소 홀연히 나와서 그 도리를 알게 됩니다.

본래 사랑하고 있기에

자식을 낳았다 하더라도 그 자식에 착을 두지 마십시오. 형제에 착을 두지 마십시오. 부부에 착을 두지 마십시오. "착을 떼라, 떼라" 하는 것은, 착을 두지 않는 것은 이미 본래 사랑하고 있기 때문입니다. 본래 사랑하고 있기 때문에 그 착을 떼 주기 위해서도 그렇고 뿌리를 싱싱하게 해 주기 위해서도 그렇습니다.

깨침을 깨치게 해 줄 수도 있는 것은 어떠한 것인가. 물질을 보고 착을 둔다면 절대로 그것은 같이 들어갈 수가 없습니다. 둘이 되기 때문에. 정말이지 부처님 법이란 죽는 것보다도 더 진하게 사랑하고 있는 것입니다. 왜 집착을 두지 말라고 하는 줄 아십니까? 너무 사랑하기에 진짜 사랑을 알라고 하는 것입니다.

올바른 태교

"임신하게 되면 반듯한 걸 먹어라. 대가리도 꽁지도 먹지 마라." 하는 것보다 우리 마음 하나를 똑바르게 잘 안으로 굴리면서 쓴다면 똑바른 어린애를 낳을 것입니다. 모두가 끼리끼리 모이게끔 돼 있으니 심오한 그 도리를 여러분이 잘 알아서 해 나갈 수 있어야겠습니다.

지금 이미 늦었다고, 어린애를 다 낳아 놓은 연에 이런 말씀을 하시면 어떡하느냐고 그런다면 좀 늦은 점도 있지만, 늦은 것이 아닙니다. 낳아서 지금 이렇게 성장했다 할지라도 이 마음의 도리로써 다스린다면 스스로 그 마음의 역량이 그대로 밝아지면서 다 성장이 크게 잘됩니다. 나쁜 것도 좋게 되고요. 그러니 착을 두지 마시고 항상 안으로만 굴리면서 항상 뿌리를 도와줄 수 있는 그러한 여건을 가지셔야 됩니다.

생일의 의미

생일이라는 것은 내가 맛있는 것을 먹을 때 모두 한마음
에서, 모두 한 부모로, 한 자식으로 이렇게 귀결 지어서
그저 "감사합니다" 하는 그것이 생일입니다.

공양을 하는 마음

수억겁을 거쳐서 진화돼서 이날까지 형성시켜서 나온 그 주인을 자기가 업신여겨서도 아니 되지마는 식물 이 자체를 먹는 데도 둘로 보지 말고 드시라 이겁니다. 그래서 항상 밥상을 놓거나 간식을 먹거나 할 때 "참 감사합니다." 라고 하는 겁니다. 이 "감사합니다" 한마디가, 그와 나와 둘이 아닌 까닭에 '감사합니다' 하는 걸 진실로 느끼고 먹습니다.

　그리고 너무 과도하게 내가 내 욕심만 채우고서 남의 살과 남의 피를 배불리, 배가 넘치도록 먹어서는 아니 된다 하는 이런 뜻이 있습니다. 그것도 역시 욕심으로 남의 생명과 남의 살과 피를 그대로 그냥 많이만 먹으면 좋은 것이 아닙니다. 억지로 많이 먹을 필요도 없고, 억지로 줄일 필요도 없습니다. 내가 항상 중도로서 마음을 항상 향기롭게 두고 겸손하게 두고, '이것이 바로 내 살이요, 내 마음이요, 내 피가 아닌가.' 그것을 일부러 생각을 하라는 뜻이 아니라 그 생각을 한번 음미해 볼 수 있다면 전체 우리가 살림살이할 때 그것이 다 그렇게 공덕이 된다는 뜻입니다.

집안에 따뜻한 기운이 돌려면

마음을 구하려고 하는 그런 사람들은 가정에서도 될 수 있는 대로 말로써 하지 말아야 합니다. 말로 해서 성격을 거슬리거나 공부 안 한다고 해서 막 욕을 하고 "공부, 공부, 공부" 이러다 보면 사람 버리고 갈라지고 외려 나빠지는 수가 있어요. 성격을 나쁘게 만드니까. 그러나 마음으로써 마음을 전달한다면, 그 또한 성품이 있고 나 또한 성품이 있는 이상 그 마음으로써 마음을 전달한다면 얼마나 잘 돌아가겠습니까. 화목하고 그러면서도 여여하고, 여여하면서도 생동력 있고, 여여하면서 생동력이 있으면 생동력이 있는 대로 그냥 그렇게 푸근하고 따뜻하게 돌아갈 것이 아닙니까. 그런데 나 괴롭고 그 사람 괴롭고 이게 무슨 일입니까.

그러니 집안이 냉랭하고 따뜻한 기운이라는 것은 하나도 나갈 길이 없지요. 그저 냉랭하고 악쓰는 소리만 나가는 거예요. 그러니 바깥에서 재물이 있다가도 '에그, 저런 집에는 안 들어가.' 이러고, 또 악한 것들은 '저걸 따라가야 돼.' 하고 들어오거든요. 그러니 꾀어드는 대로 그런 것만 꾀어들게 돼 있어요. 악인은 악인을 쫓아가고 선인은 선인을 쫓아가니까. 그러니 예전의 성현들도 마음을 꿰들

었고, 지금 성현들도 마음을 꿰들고, 후일의 성현들도 마음
을 꿰들려고 하고 있을 건 당연한 일입니다.

무심으로 하는 도리

말로 해서 말로 듣게 하지 말고, 뜻으로 해서 뜻으로 듣게
한다면 무심으로써, 전달 없는 전달이 됨으로써 가정은
밝아지고 편안해지고, 이 마음속 생명들도 같이 한마음으
로 돌아감으로써 모두가 건강해지는 것입니다.

한 숨의 여유

사람이 누구나 급하게 화가 나면 남을 생각할 여지가 없습니다. 그러나 한번 숨을 들이쉬면서, 안으로 굴려서 다시한번 생각해 볼 때는 말도 공손하게 나가고, 또 저 사람이돼 볼 수 있는 여유도 생기고, 이랬을 때 바로 화목한 것입니다. 화목을 모르고 공한 도리를 모른다면 우리가 지금 천차만별로 돼 있는 생生한 도리를 모릅니다.

마음의 밝음을 찾음으로써

우리가 가난하고 가난치 않고 그것을 떠나서 마음의 밝음을 찾음으로써 마음이 가난치 않게 되고, 아주 안정되고, 언제나 방황하지 않게 되고, 진득해지고, 점잖아지고, 말수가 적어지고, 편안해집니다. 그럼으로써 전체 모든 것이, 전자前者의 내게 있었던 것도 전부 녹아져 버리는 까닭에 현실에도 살기가 무난해지는 것입니다.

그러니 가환이 있고 병고가 있고 그런 문제가 있는 것을 앞세우지 마시고 내 마음의 주인공으로부터 밝음을, 거기에서부터 빛으로 인해서 과거의 업보나 가환이나 그런 모든 것을 녹여 버리게끔 해 줄 수 있다면, 여러분이 스스로 밝아짐으로써 생활이 곤궁해지질 않는다는 말입니다. 죽을 먹더라도 마음 편안하게 먹을 수 있다는 것입니다. 그렇다고 해서 죽을 먹는 사람이 금방 밥이 먹어지는 건 아닙니다만….

이게 아니었더라면

여러분은 '뭔 소리가 저렇게 많아? 당장 나는 이게 급한데 말이야.' 이러시지마는 그것이 조그맣든 크든, 많든 적든 그것을 가지고 공부할 수 있는, 길을 택하는 재료라고 생각하세요. 그 재료로 나는 공부를 한다. 재료가 없으면 공부를 못 합니다. 아무 걱정 근심도 없고 누워서 떡 먹기로 그냥 그러고 있는 사람이, 배짱 편안하게 있는 사람이 부딪침이 없는데 공부를 어떻게 합니까? 정신계를 어떻게 발전시키느냐고요.

그러니까 외려 감사하게 생각하세요. 애고가 오고 병고가 오고 환난이 온 것을 감사하게 생각하고 '아하, 이게 아니었더라면 내가 이 공부를, 이 길을 걷지 못할 텐데 이 길을 걷게 돼서 감사하구나.' 이렇게 생각하세요.

모든 걸 한데 모아서

여러분 몸속에 그 의식들이 제가끔 놀게 하지 마시고 수십억 개의 의식들을 한데 모아서 다스리라는 얘깁니다. 이게 작업의 첫 번째입니다. 이날까지 살아오면서 어중이떠중이로 이것도 하고 저것도 해서 얼마나 그 업을 지었겠습니까. 그러니까 모든 것을 한데 그냥 귀합해서 녹이도록 하시는 게 좋겠습니다.

병고가 오든 애고哀苦가 오든 어떤 환난이 오든 그 모든 걸 되돌려 놔라. 거기다 놓으면, 불에다가 불을 넣으면 그냥 하나가 돼 버린다. 불덩어리에다가 그냥 놓으면 용광로에 넣듯이 그냥 녹아 버린다.

안타까운 일

여러분은 그저 내일 어떻게 될지도 모르면서 오늘 사는 것에만 온갖 힘을 다해서 그냥 착을 가지고 붙들고 늘어진단 말입니다. 빨리 놓고 돌아가야만 피가 돌듯이 돌아갈 텐데 온통 붙들고 늘어지니 그게 돌아가나요? 마음이 그렇다면 몸 자체도 그렇게 병이 드는 수가 많습니다.

'아이구, 이거 넣기는 넣는데 이런다고 뭐, 나아?' 이렇게 생각을 하니까 그놈의 게 용광로에 들어가지도 못하죠. 들어가기만 한다면 재생이 돼서 나가는 것을….

한마음이 뭉치면

'어떠한 병이다' 하고 병원에서 이름을 지어 주더라도 이름에 속지 마시고 이름에 관여하지 마시고 철저하게 내 내면세계의, 몸속의 그 의식들이 내 마음에 의해서 따라 줄 수 있는 한마음이 되시기를 바랍니다. 의식이 한마음 자체로 됐을 때 말입니다, 흩어지면 죽고 뭉치면 산단 말이 있습니다. 한 가정이 뭉치면 복이 오고, 한 가정이 뭉치지 않고 흩어지고 서로 뜯고 싸우고 하면 오히려 복이 나간다. 이와 같은 원리입니다. 한마음이 뭉치면 주인공이 되는 거죠. 그러니까 내 한마음 속에서 병도 나온 것이니까 한마음 속에서 해결할 수밖에는 없는 것입니다.

마음의 불기둥

이 공부라는 것은요, 예를 들어서 병원에 가는 것도 이건 병원에 가서 될 일이 있고 안 가도 될 일이 있거든요. 다 병원에 가라는 게 아니라 병원에 갈 일이면 병원에 가야 하고 병원에 안 가도 될 것 같으면 병원에 안 가야 된다는 말입니다. 그건 왜냐하면 정신적인 해탈 속에서, 그러니까 나를 내가, 내 가족을 내가 지킨다는 것을 진짜로 믿어야 되겠죠. 그 믿는 것은 뭐냐. 그건 이 의식에서 나오는 마음이 아니고 총괄, 즉 기둥에서, 불기둥에서 나오는 에너지의 배출이란 말입니다.

그렇기 때문에 모두가 한 번쯤 생각해야 되는 것은 뭐냐하면, 거기서 나오는 생각이라야 아들이고 부모고 다 이렇게 연결이 됩니다. 연결이 되지 않는다면 물어보지도 않고 병원에 그냥 쭉 가려고 하는 그런 마음이기 때문에 병을 고칠 수가 없다 이런 문제도 있고요, 갈 때 가더라도 한 번쯤은 얘길 해서, 자기의 힘이 모자라면 힘을 빌릴 수도 있죠. 그렇게 서로 얘기를 하고 가면 또 거기에서도 이 손 없는 손이 의사의 팀으로 들어가서 할 수 있는 것입니다. 그런 능력이 바로 정신계의 능력이거든요. 그런다면 모두가 좋을 텐데 그러질 못해요.

업식의 바퀴에서 벗어나려면

지금 여러분이 그렇게 받는 원인이 나쁜 일, 좋은 일 다 섞어 가면서 했기 때문에 어떤 때는 기쁘고 어떤 때는 슬프고, 어떤 때는 애고가 닥치고 어떤 때는 병고가 닥치고, 이별이 닥치고 만남이 닥치고 온통 이렇게 어우러진 것입니다. 그러니까 어우러진 것대로 모든 걸, 하나는 감사하게 놓고, 하나는 '그렇지 않게 하는 것도 너다.' 하고 바꿔 놓고, 이렇게 해서 그 업을 다 녹이고 유전성이라든가 애고, 업보, 영계성 이 모두를 다 놓고 해야, 즉 말하자면 업식의 바퀴 속에서 벗어날 수 있는 것입니다.

마음은 한 찰나인데도 불구하고

여러분의 마음은 한 찰나인데도 불구하고, 어떤 때는 앞으로 미래로 성큼 넘어서야 할 텐데도 불구하고 뒤로 자꾸 밀려나는 겁니다. '과거에는 내가 이렇게 이렇게 살았는데…. 과거에는 이렇게 이렇게 했는데….' 이러면서 말입니다. 자기가 살아온 모든 것이 잠재의식 속에, 그 습이 거기에 똘똘 뭉쳐져 있고 뭉쳐져 있고 그래서 그게 업이 되는 줄 모르고, 그것이 찌꺼기가 돼서 자기를 자꾸 막아 가는 줄 모르고 그런단 말입니다.

마음 놀음

우리가 지금 여기 들어오면서 신발을 벗어 놓았는데, 벗어 놓는다는 생각도 없이 저 신발을 그냥 무심으로 벗어 놓았습니다. 저렇게 무심코 벗어 놓을 수 있는 것이 우리 지금 살림이며 참선이며 생활입니다. 그게 금이라면, 그게 보석이라면, 저렇게 아무 생각 없이 벗어 놓을 수가 없을 것입니다.

저기가 만약에 이승이고 여기가 저승이라면 생각을 하면서 뛰어넘었겠습니까? 무심코 뛰어넘어야 할 텐데 여러분의 마음속에는 벌써 저승이라는 게 있고 이승이라는 게 있기 때문에 미지의 세계를 뛰어넘지 못하는 것입니다. 다 마음 놀음인데. 다 마음의 조작이에요, 이게. 근데 그 마음의 조작에 속는 거예요, 여러분은. 항상 속아 넘어가는 것입니다.

빈틈없는 법

불법은 조금도 에누리가 없고 무서운 도리면서도 얼마나 자비한 도리인지 모릅니다. 한 치의 샐 틈도 없다는 사실을 반드시 알아야 합니다.

모든 것을 맡겨 놓는다면

'야, 집안에 이렇게 급한 일이 있는데 공부를 하라고? 나는 제일 급한 것이 공부보다도, 참선보다도 지금 아프고 괴롭고 가난하고 우환이 끓는 것인데 어떡하면 좋으냐.' 하고 그걸 급하게 생각합니다. 그런데 그 우환과 가난, 병 이런 것들이 다 내 주인공 그 '공ᄍᆞ' 안에 들어 있기 때문에 내가 그 공에 모든 것을 맡겨 놓는다면 거기에서 그것이 다 슬슬슬슬 봄이 오듯이 녹는답니다. 모든 게 다요. 그러니 얼마나 좋습니까?

|

여러분이 배낭을 짊어진 채 한 철 사는 건데 뭐가 그렇게 응어리가 지고 뭐가 그렇게 억하심정이 있고 애틋하고 가슴에 멍이 들고 그럽니까! 그런 모든 걸 다 거기다 맡겨 놓으세요.

죽고 사는 걸 개의치 말고

부모 뿌리와 자기 뿌리가 동일하게 엮어져 간다는 것을 아셔야 합니다. '전기가 가설이 돼 있는 데는 다 불이 들어올 수 있다' 하듯이, 즉 어머니다, 아버지다, 자식이다, 형제다 이렇게 생각하고 있기 때문에 연결이 되는 것입니다. 좋은 인과를 가졌다면 선덕이 그렇게 연결이 될 것이고 악행을 했다면 악행이 연결이 될 것입니다.

가정에서 살림살이를 하면서 사시다가 돌아가시지 않습니까? 돌아가시고 난 뒤에 본다면 지금이 과거죠? 현실로 무명을 쓰고 다시 이 세상에 나올 때는 미래이자 현실입니다. 아시겠어요? 그러니 삼독에서 벗어날 줄을 모른다는 말입니다. 그 삼독을 제거하려면 관법을 가르쳐 주는 대로 열심히, 이차적으로는 관법을 하되 묘하게 해야 됩니다.

진짜로 믿는다면 죽고 사는 걸 개의치 말고 해라. 잘되고 못되는 걸 개의치 말고 해라. 믿는 것은, 예를 들어서 부모가 자식을 믿는데 잘되든지 안되든지 내 자식이지 잘되면 내 자식이고 못되면 내 자식이 아닙니까? 또 자식이 부모를 생각할 때 부모가 잘났든지 못났든지 내 부모지, 잘나면 내 부모고 못나면 내 부모가 아닙니까? 그러니까 죽고 사는 걸 개의치 말고 믿으라는 것입니다.

오직 관할 뿐

우리에게 어떠한 경계가 닥쳐온다 하더라도 자기가 지은 대로 자기가 받는 것이니 남의 탓을 해서는 안 됩니다. 오직 관하고 주인공에 맡길 일입니다.

올바른 살림살이

내일 죽고 이따 죽는다 하더라도 아주 들일 때는 들이고
낼 때는 내고 적당히 할 수 있어야 올바른 살림살이라고
봅니다.

마음으로써 마음을 전달한다면

여러분들에게는 가난과 아픔과 쪼들림이 동시에 가정에 다가오는 것을 어찌할 수 없어서 그것을 의논하고, 서로 대화를 나누어야 하고 또 스님을 만나서 얘길 해야 되고, 이런 문제가 생깁니다. 그런데 그건 문젯거리가 아니 됩니다. 이 선 도리에는 왜 문젯거리가 아니 되느냐 하면, 벌써 이 도리를 알려고 하고 맡겨 놓는 데 의해서 그 가난과 쪼들림과 아픔이 거기에서 다 사그러지는 일이 있기 때문입니다. 한마음이 이 온 누리를 덮고도 남고 들고도 남고 굴리고도 남음이 있다는 그 사실을, 그 광대무변한 법이, 바로 그 보배가 여러분한테 지녀져 있다는 사실을 모르셔서 그것을 괴로워하시는 것입니다.

만약에 여러분이 마음으로써 마음을 전달한 부처님의 그 뜻을 아신다면, 괴로워하고 외로워하고 가난해서 허덕이고 아파서 허덕이는 그런 것을 사사건건이 물고 늘어지고 걸리고 이러지는 않으실 것입니다. 당장 급한데 그런 걸 그렇게 버리라면 "스님이나 그렇게 하지 우리가 어떻게 합니까?" 이러는 사람도 있습니다. 그러나 선 도리를 배우는 데는 그게 아닙니다. 그러니까 묘법이죠.

그러니까 진심으로 나 하나에서 만법이 나가고 그 만법이 하나로 들고, 그 하나와 더불어 만법과 둘이 아니게 공전한다는 그 사실을 여러분이 아신다면 그 아픈 것도, 모든 게 거기에 포함돼서 더불어 같이 돌아가니 어찌 녹지 않겠습니까?

모든 게 텅텅 비었습니다. 빈 것! 그 빈 것 안에 여러 가지가 들어 있습니다. 여러 가지가 들어 있는 가운데에 빈 것이 들어 있습니다. 빈 것이 들어 있고 모든 여러 가지가 들어 있고. 같이 더불어 돌고 있다는 언어도 붙지 않는 그런 이치입니다.

무조건!

말로 이해타산을 하고 요것조것 따지고 그러지 마세요. 자기가 자길 믿는 데 무슨 이해타산이 들어갑니까. 무슨 따지는 마음이 들어갑니까. '내가 똥을 눠야 될까, 말아야될까.' 하고 말입니다. 배가 고파서 밥을 먹는 데도 이해타산이 들어갈까요? '요걸 먹어야 옳을까, 안 먹어야 옳을까.' 하고요. 이해타산을 절대 하지 말고 그냥 믿고, 똥 마려우면 변소간에 가서 화다닥 그냥 시원하게 눠 버리는 것과 같이 하셔야 됩니다.

어떠한 문제를 꼭 해야만 되겠다 할 때 무조건입니다, 무조건! 거기에는 아무 이유가 붙지 않아야 된다 이 소립니다.

내 안의 길잡이

생활하는 것, 죽고 사는 것, 모든 것을 진실하게 내 마음 안으로 낱낱이 굴려서 돌려놓으면서 이 공부를 해 가지고 가는 사람이 죽을 때는 죽기 전에 자기 갈 자리를 자기가 다 마련해 놓고 갑니다. 이건 죽는 게 아니거든요. 이 공부를 하게 되면 죽는 게 아니란 말입니다.

　공부를 그렇게 하는 사람에 한해서는 몸을 벗을 때도 벗기 전에 자기가 벌써, 미리 가 있어요. 여기는 사는 그 습만 있다 뿐이지 그리로 가서 바로 자기가 길을 알기 때문에 자기가 선처해서 자기가 벌써 자기를 기르고 있어요. 그러니 길잡이는 자기죠. 자기 이외에 길잡이가 없어요. 그걸 아셔야 됩니다.

아주 시원한 삶

컴컴하다면 불을 켜서 밝은 데서 살고, 목이 마르면 물 마시고, 똥이 마려우면 똥 누고 이렇게 자유스럽게 사세요, 자유스럽게. 속이 더부룩하고 그럴 때 똥을 누면 시원하죠? 생활하면서 살아나가는 데에 그저 이것저것 닥쳐오고 답답하고 그럴 땐 똥을 못 누는 것이나 똑같습니다. 그런데 그것을 타파하고 나갈 수 있다면 아주 시원한 삶이죠. 모두 여러분의 한마음에 달려 있고 어떻게 사느냐에 달려 있습니다.

뚜벅뚜벅 걷는 길

자든지 깨든지 시공을 초월해서, 바쁘게 서둘지 않고 차근 차근히 그냥 뚜벅뚜벅 걸어가는 그런 사람만이 과감하게 넘어설 수 있습니다.

지혜의 무기를 굴리는 삶

마음이 가난하다면 정말 가난하게 사는 법이고, 마음이 풍부하다면 정말 풍부하게 사는 법입니다. 그러니 여러분은 마음을 가난하게 두지 마시고, 우울하게 두지 마시고, 항상 보람 있게 또는 생동력 있고 겸손하게 항상 웃는 낯으로 대하세요. 지혜가 무기가 되어 굴리는 살림살이를 해야만이 앞으로 풍부한 살림살이가 될 뿐 아니라 대인으로서 세계적으로나 우주적으로나 전체에 공헌할 수 있다는 얘깁니다.

싱긋이 웃고 넘어가는 여유

어떤 문제가 있든지 마음 붉히지 말고, 어떠한 일이 있어도 마음을 괴롭게 갖지 말고 그냥 싱긋이 한번 웃고 넘어갈 수 있는 그런 지혜가 필요합니다. 그런다면 이 마음에서 나만 그렇게 싱긋이 웃고 넘어가는 게 아니라 이 속의 수십억의 생각들이 한꺼번에 싱긋이 웃고 넘어갑니다.

|

웃으면서 생각할 수 있는 그 여유. 당당하고 도도한 여유. 그것이 바로 시시때때로 나를 보조할 수 있고 그 모든 것이 나의 부하가 될 수 있게 합니다.

진실하게 행하면

사람의 꺼풀을 썼다 하면 좋고 나쁜 것도 알고 인간이 살아나가는 데 진실도 알고 그러니 그저 닥치는 대로, 내 분수에 맞게 진실하게만 살아나간다면 끝이 있는 것입니다. 잘 먹고 잘살려고 하지 마세요. 그렇게 하지 않아도 내가 진실하고 내가 진실하게 행하면 스스로서 먹을 것은 옵니다. 거짓이 아닙니다. 그대로 살아가 보세요, 거짓말인가. 나 거짓말 안 합니다.

스스로 짓는 농사

여러분이 마음과 마음을 전달해서 서로가 한마음으로 돌아갈 수 있다면 안팎이, 안에도 천차만별의 그 의식들이다, 악업 선업이 다 한데 합쳐서 한마음으로 돌아갈 수 있게 하고, 외부의 모든 마음들이 한마음으로 조절이 되고 한마음으로 싱그럽게 돌아가서 좀 더 유하고 인의롭게 돌아가면 살기가 좀 쉽지 않겠습니까? 그렇게 해서 갈 수 있는 것이 여러분이 농사를 자작으로 지어서 자작으로 먹는 게 됩니다. 그러나 농사를 짓지 않고 한 됫박 한 됫박 얻어다 먹으려면 감질이 나고 영원토록 얻어다 먹어야 하는 그런 위치가 되죠.

인간의 도의를 지키면서도

우리의 마음이 이럭할까 저럭할까 하는 것은 자기를 자기가 못 믿기 때문에 이럭할까 저럭할까 하는 것이요, 또 자기를 못 믿기 때문에 자꾸 그것이 거론되고 '아! 이거 어떡하면 좋지? 어떡하면 좋지?' 하는 것이 들어가는 것입니다. 진짜 믿는다면 더 물을 게 뭐 있겠습니까? 이유를 불문에 부치고 내가 이렇게 믿고 들어가는 그 마음이 있다면 그대로, 단정 지은 대로 그대로, 자기 한생각 냈던 대로 그대로 가는 것입니다.

단지 뭐가 거기에서 거론되느냐 하면, 우리가 인간이 된 자체가 상식이나 또는 인간의 법도나 충성, 효도 또 의리, 도의, 사랑 이런 것을 떠나서는 조화를 이루지 못한다는 것입니다. 그렇기 때문에 항상 둥글게, 우리 인간 법에서 벗어나서 사는 게 아니라 그것을 지키면서도 항상 내 마음의 착이 없이 벗어나서 자유스럽게 살라는 얘깁니다.

한 티의 불씨

한생각을 잘해서 하면 그 행이 그대로 내 주인이 인도하는 밝은 그 길에 언제나 가니까 걱정할 것이 하나도 없습니다.

|

걱정할 게 없다 하는 것은 그래도 실낱같은 그 한 티의 불씨라도 붙들고 있기 때문에, 불씨라도 붙들고 있기 때문에 그 불씨로 하여금 모든 것을 정돈하고 나간다는 말입니다.

고가 닥친다 하더라도

남을 원망하고 증오하고 그런 마음을 가져서는 안 됩니다. 아무리 나한테 고苦가 닥친다 하더라도 공부할 수 있는 과정이라고 생각하셔야지 그걸 고로 생각을 하면 얼마나 속상한지 모릅니다. 생각을 하기에 달린 거죠, 다.

　사람이 나물 뜯어다가 불을 피워 놓고 깡통을 놓고선 그 나물을 삶아서 소금 얻어다가 주물럭주물럭해서 그걸 먹고 앉았어도 야, 대장부의 살림살이란 이렇게도 충만한 것을 뭘 아웅다웅하고 속을 썩이고 그러느냐 이겁니다. 그러면 저절로 마음이 풍부하고, 대장부라면 이 세상 돌아가는 이치, 살림살이도 풍부할 겁니다. 그런데 마음이 가난하면 가정도 가난해요. 그리고 뛰고 울고 망하고, 가겠다고, 서겠다고 바둥거리고 울고 이러거든요.

대장부 살림살이

난 요새 말도 하기 싫고 그렇습니다. 한 날 저 바람이 불고 나뭇잎 나부끼고, 피었다 시들고 시들었다 피고 물 흘러 돌고, 세상이 그렇듯이, 또 세상이 그런가 하면 우주 자체가 그렇고, 그렇게 돌아가고…. 뭐, 할 말이 있어야지. 할 말이 없는데 말이오, 나물 먹고 물 마시고 팔을 베고 누웠으니 대장부 살림살이 그만하면 족하다는 셈으로 아, 그렇게 살면 좀 어떻소! 아니, 그렇게 복작거리고 그렇게 해서야 어디 사람 살맛이 나겠소? 내일 아침거리가 없다 하더라도 아니, 요새 같은 세상에 먹게 하는 것도 너, 굶기는 것도 너, 아, 그렇다면 입히는 것도 너, 못 입히는 것도 너, 집에서 못 살게 내쫓게 하는 것도 너, 집에서 살게 하는 것도 너, 모두 너라면 그렇게 아등바등할 것이 뭐 있소?

악과 선의 교차로에서

어떤 사람은 "왜 부처님이 이러한 법을 설해서 평지풍파를 일으켜 놓고, 팔만대장경을 설해서 이렇게 어려운 것을 우리가 배우려고 이렇게 고통을 받게 만들었나?" 이러겠지만 이것이 우리가 살아나가는 생활 속에 근본적으로 우주의 그 광대무변한 악조건과 선조건이 포함돼서 교차하고 있다는 것을 여러분은 상세히 아셔야 됩니다.

그렇기 때문에 자기가 자기를 지키지 않는다면, 자기가 자기의 집을 지키지 않는다면, 자기가 자기의 가족을 지키지 않는다면, 자기가 자기 나라를 지키지 않는다면 안 되는 것입니다. 자기가 자기 세계의 여건을, 모든 것을 역력하게 눈 밝게 보고 귀 밝게 듣고 한순간에 뛰어넘을 수 있는 자기 능력의 여건을 자기가 가지고 있어야 된다는 뜻입니다. 그래야만이 모든 악조건에도 우리는 얽히고설킨 그 뜻을 풀어 나갈 수 있으며 밀치고 뛰어넘을 수 있으며, 여여하게 생활할 수 있으며 유유히 걸어갈 수 있으며, 아주 당당하게, 도도하게 바로 물이 흐르듯이 그렇게 살 수 있는 것입니다.

언제나 어디서나

관한다는 것은 쉴 사이 없이 생각나는 대로 그대로 관하는 것이지, 관하는 장소가 따로 있고 기도하는 장소가 따로 있는 것이 아닙니다.

넓힌 그 마음이 무기가 돼서

그것이 어디로부터 온 것인지를 여러분들이 모르니깐 그렇지, 그게 어디로부터 온 것인지를 안다면 자기 주인공을 믿고 거기다가 맡겨 놓고 살아라 이겁니다. 일체 만법은 거기서 나오는 것, 거기다가 맡겨 놓고 살게 되면 바로 그 것이 우환, 가환, 병 이런 모든 것을 거기 용광로에 놓는 셈이나 마찬가지입니다. 그리고 새로 생산될 건 생산되고 바로 녹여 버리는 건 녹여 버리고, 이렇게 해서 가환을 면하고 우환을 면하고 가난을 면하고, 내 마음의 지혜를 넓히고, 넓히면 넓힌 그 마음이 무기가 돼서 일체 만법을 자유스럽게 활용할 때에 내 근본의 인간이 거기에서 뚜렷하다는 말입니다.

본래 밝은 불

본래 우리는 불이 항상 켜져 있기 때문에 켜졌다 꺼졌다 이런 말이, 언어가 붙지 않는 것이나 마찬가집니다. 우리는 인간의 마음이기 때문에 지금 '아, 밝구나. 아, 컴컴하구나.' 이것을 인식하게 돼 있습니다. 그러니까 그 밝고 컴컴하고를 다 놔 버릴 때 비로소 모든 천지가 다 밝아지는 것입니다.

"우리가 마음을 밝히는 것은
'항상 밝음'을 밝히는 것입니다.
저 보름달처럼."

06

자 연 에 서　　배 우 다

우리처럼 말없이 살라

흐르는 물처럼

마음의 통신처

관점의 차이

나 아님이 없으니

지속되는 삶의 진리 속에서

콩씨와 콩나무

똘똘 뭉쳐 놓는다면

얕은 산이 있기에

이익 되게 하는 손

나무 부모의 설법

마음이 항상 봄이라야

바다가

모든 강물, 구정물을 받아들이고도

늘 넓고 깊을 수 있듯이

내 마음을 그렇게 닦는 게

마음공부입니다.

우리처럼 말없이 살라

허공은 허공대로 "자유스럽게 티 하나 걸리지 않고 흘러 돌아라." 하고 가르치고 있습니다. 물은 물대로 가르치고 있습니다. 그 모든 생명들이 살아나가는 집으로서 만생을 이끌고 나가는 물은 더럽다 깨끗하다는 말 없이, 어떠한 차원도 없이 흘러갑니다. 그뿐이 아니라 동쪽으로 바람이 불면 동쪽으로, 서쪽으로 바람이 불면 서쪽으로, 나무들도 바람 부는 대로 바람에 날려서 아무리 뿌리가 뽑힌다 하더라도 말없이 그렇게 가고 있지 않습니까.

원통하다고 원망을 하거나 "바람이 왜 부느냐. 왜 뿌리가 뽑히게 하느냐. 왜 못살게 하느냐. 왜 눈이 오느냐. 왜 우박이 오느냐. 그래서 왜 나한테 타격을 주느냐." 이런 말 한마디 없이 그대로 가고 있단 말입니다. 그것이 무슨 이유냐. 인간에게 가르침을 주는 것입니다. '우리처럼 말없이 살라'고 말입니다.

흐르는 물처럼

흘러가는 물은 "우리가 흘러갈 때 큰 바위가 있으면 돌아
간다. 거스르지 않고 돌아간다. 근데 사람들은 그걸 뚫고
나가려고 애쓰다 보니까 모두 병들고 죽지 않느냐." 하고
설법을 해 줘요. 일체 만물이 설법을 해 줍니다.

마음의 통신처

낮은 동물들도 전부 통신이 돼 있고, 즉 말하자면 식별을 할 수 있다는 뜻입니다. 식물들도 식별을 해서 앞으로 바람이 부는 것을 알고 있고, 앞으로 모진 바람이 불어서 뿌리가 패어지는 걸 알기 때문에 뿌리를 깊이 박고 이 세상에 탄생을 하는데, 어찌 인간이 고등 동물로서 우리 자체에 주어진 것을 파악하지 못하고 쓰지도 못하고, 중생이라는 이름에 못 박혀서 그냥 옮겨 가지도 못하게 되는 것입니까.

또 창살 없는 감옥에서 허덕이고 또는 그 창살을 벗어나지 못해서 애를 쓰는, 자유권이 없이 끌려만 다니는, 바로 종 문서를 면치 못하는 그러한 사람들이 많다면 여기 지구 안에서는 지구 중생이라고 하겠지요. 지구 자유인이라는 소리를 못 듣고, 지구 벌레라는 소리를 듣고, 지구 중생이라고 듣겠지요. 그러한 것은 우리의 마음에 달린 것입니다.

관점의 차이

햇빛이 비춰 들어가 주는 것이 아니라 우리가 받아들이는 것입니다. 그렇듯이 진리를 우리 마음으로 응용해서 활용을 하는 것이지 누가 활용을 시켜 주는 것이 아닙니다.

|

태풍이 와서도 아니 되지만 아니 와서도 아니 됩니다. 극한 손해만 없다면 썩은 물은 씻어 버리고 돌창을 소제하고 모든 것을 시원하게 소제해야만이 우리가 새 물을 먹을 수가 있고, 새 용기가 날 수 있고, 새 바람이 불 수가 있고, 새 용기를 내서 새 활용을 할 수 있는 것입니다.

나 아님이 없으니

이 세상만사, 돌 하나 풀 한 포기도 내 스승 아닌 게 하나도 없고 내 생명 아닌 게 하나도 없고 내 몸 아닌 게 하나도 없으니, 어찌 내가 했다고 하며 내가 잘한다고 하며 내가 말한다고 할 수 있겠습니까?

지속되는 삶의 진리 속에서

우리가 이틀 사흘 있다가 만약에 육신을 벗는다면 금방 씨가 돼 가지고선 금방 그 차원으로, 자기가 금씨면 금씨, 무쇠씨면 무쇠씨, 양철씨면 양철씨, 넝마씨면 넝마씨로 다시 열 달만 있으면 그냥 이 세상에 또 나오거든요. 그러니 어떻게 그게 없어졌다고 보겠습니까? 다른 걸 보지 마시고, 우리가 식물이나 어떠한 무정물의 씨나 뿌리나 이런 걸 볼 때 아주 없어지는 게 아니지 않습니까? 껍데기가 벗어졌다가 다시 그 알맹이가 또 껍데기로 변하고 그 껍데기가 또 씨를 앉히고, 연방 먹이고 연방 남고 연방 먹이고 연방 남고, 그렇게 지속되는 거죠.

인생의 길이란 끊어짐이 없이 지속되는 것이 마음과 마음이 연결돼서 지속되는 것입니다. 마음과 마음이 연결돼서 또 한마음으로 돌아갈 수 있는 것이고요. 마음의 그 연결이 되기 때문에 우리가 지속되는 진리라고 하지, 마음으로써 마음이 연결되지 않는다면 진리라고 말할 것도 없죠. 그래서 괜히 자기네들이 마음으로 지어 놓고 고통을 받고, 지어 놓고 아주 머리가 어지러워서 죽겠다고 그냥, 머리에서 불이 난다고 그러고요. 이걸 물질화시키니까 그런 거예요. 지금 이런 문제들이 많이 있잖아요? 여러분이 지금 알

220

고 있는 현실에서 화산이라든가 이런 문제들이 일어나도 그것이 어떻게 해서, 언제, 어디서 이렇게 온다는 걸 모르기 때문에 그 자리에서도 어쩔 수가 없는 겁니다. 그걸 대치할 수가 없어요. 왜 그런가? 한마음이 되지 않아서. 한마음으로 통해야 할 텐데 한마음으로 통할 수가 없어요.

우리는 색상으로서의 그 물질만 보고 삽니다. 물질이 나인 줄 알고 내가 하는 줄 알고 이렇게 살고 있으니 모두가 그렇게 모를 수밖엔 없습니다. 그러니 대치를 할 수가 없는 겁니다. 내가 그전에도 얘기했지만 하다못해 식물도 내년 일을 알아서, 북풍이 불고 또 너무 비가 많이 올 듯하면 옥수수 뿌리도 넓게 잡아서 뿌리를 박는 법인데 하물며 인간이 그 도리를 모른대서야 어찌하겠습니까.

콩씨와 콩나무

이 육신은 허망해서 쓸모가 없다고 그러지만 이 허망한 시자侍者가 아니었더라면 내가 공부를 할 수도 없고, 또 근본 내 씨가 아니었더라면 내 이 콩나무가 안 났을 것입니다. 그러니 알이 먼저냐 닭이 먼저냐 하는 격입니다. 콩씨가 먼저냐 콩나무가 먼저냐? 이것도 먼저가 아니고 저것도 먼저가 아닙니다. 단지 그저 이 콩나무는 콩나무대로 콩씨가 열리고 또 움죽거리지 않는 것 같으면서 움죽거린다는 말입니다.

콩나무가 말하는 것 보셨어요? 들으셨어요? 여러분이 내가 하는 소리를 내가 들을 줄 안다면 바로 콩나무의 소리도 들을 수 있고 어떠한 식물이나 동물이나, 무생물이나 유생물이 하는 모든 것을 다 들을 수 있습니다. 돌의 말도 들을 수 있고 흙의 말도 들을 수 있습니다. 볼 수 있고 들을 수 있고 가고 올 수 있고….

똘똘 뭉쳐 놓는다면

어떤 사람은 나무를 파서 옮기거나, 산을 올라가거나 그래도 마구 꺾죠? 둘로 보기 때문입니다. 만약에 나로 본다면 꺾을 수 없습니다. 그리고 우리가 지금 생물이나 식물이나 동물을 이렇게 먹을 때도 언제나 감사하게 먹되 감사한 그 마음을 놓으란 말입니다.

감사하게 놓고, 맡겨 놓고 물러서지 않고 모든 것을 똘똘 뭉쳐 놓는다면 이것이 바로 일상생활 그대로 참선이 되는 것입니다. 일상생활에서 떠나서 부처님 법이 있다면 그것은 어긋나는 법입니다. 똥그란 그릇에 네모난 뚜껑을 덮는 것이나 마찬가집니다. 어디까지나 새 버리고 말죠.

얕은 산이 있기에

생명은 다 똑같으니 공생共生이요, 마음은 다 똑같으니 공심共心이요, 몸뚱이는 다 똑같은 물질이니까 공체共體요, 이게 전부 같이 돌아가면서 주고받고 먹는 것이기 때문에 공식화共食化하고 돌아간다는 것입니다. 회장이 있으면 사장이 있고 사장이 있으면 직원이 있고 그렇듯이 직원이나 사장이나 똑같이 평등한 것입니다. 높은 산은 얕은 산이 있기에 높지, 얕은 산이 없었다면 높지가 못합니다. 그렇기 때문에 얕은 것이나 높은 것이나, 직원이나 사장이나 다 평등한 것입니다.

이익 되게 하는 손

저 푸른 산도, 즉 말하자면 식물이나 무정물이나 돌이나 다들 평등하게 살고 있지 않습니까, 조화를 이루면서. 벌레 먹은 나무라고 해서 거기 푸르게 쪽 곧은 나무들이 "너는 벌레 먹었으니까." 하고 내쫓습디까. 그냥 둬도 주인들이 서로가 둘이 아니기 때문에 벌레 먹은 것이 있으면 있는 대로 또 그것을 다시 좋게 만들어 줄 수도 있지만, 저 거한 산에 사람의 손이 가서 언짢을 수도 있고 손이 가서 좋을 수도 있는 겁니다.

그래서 사람 사는 데가 다 좋은 게 아니라 사람이 안 사는 데가 오히려 조화를 이루고 아주 풍경 좋게 잘되는 데가 있고 사람의 손이 가서 보기 좋은 데가 있습니다. 그것은 여러분이 움죽거려서 이익하게 해 줄 수만 있다면 좋은 분위기가 될 수 있고, 모두가 자기주의로만 사는 사람은 옆도 돌아다보지 않으니까 그 분위기가 사람이 산다 하더라도 좋지 않을 건 사실입니다.

나무 부모의 설법

어떠한 나무가 열매를 많이 낳아서 자연적으로 떨어지는 순간, 그 나무 부모가 말을 하기를 "너희도 바람 따라 물 따라 가다가 발에 흙이 닿걸랑은 정착해라. 그렇게 가다가 돌팍 위에 정착이 되걸랑은 그것도 잘 음미해 보고 살아라. 아무 데고 닿으면, 물 따라 가다가도 닿게 되면 바로 거기에 정착을 해라. 그렇게 해서 너도 나와 같이 정착을 해서 너의 모습이 완고하게 됐을 때는 모든 생물들이나 동물들이나 또는 모든 새들, 모든 식물들도 다 서로 먹이고 서로 도움을 줄 수 있는 그러한 지혜가 생기느니라. 네가 수많은 동물들의 집이 돼 줄 수도 있고, 생물의 집도 돼 줄 수 있고, 영양 보급도 해 줄 수 있느니라." 그렇게 얘기를 했습니다.

그래서 그 열매들은 한없이 한없이, 끝없이, 자기 정착을 생각한 예도 없이 바람 따라 물 따라, 물을 따라간 놈은 땅이 생기면 정착을 했고, 섬이 생기면 정착을 했고, 바람에 날려서 흙에 앉아서 또 정착을 했고… 이랬는데도 불구하고, 여자고 남자고, 중이든 중이 아니든 공부하는 사람들이 이 아랫사람들을, 즉 말하자면 중생들이라 해서 업신여기면 자기 배 속에 있는 중생들은 어쩌나요?

마음이 항상 봄이라야

우리 마음이 봄이라면, 산천초목은 조화를 이루고 향기롭게 푸르고, 물은 유수와 같이 흐르고, 어디에도 걸림이 없이 그렇게 흐를 뿐입니다. 그와 같이 마음도 봄이라면 그렇게 푸르고 조화를 이루면서 역력히 도도하게 강물은 흐를 것입니다.

우리는 마음이 항상 봄이라야 됩니다. 봄이라야 우리는 생동력 있게, 저 산천초목이 푸르듯, 소나무가 항상 겨울 여름 없이 사철 푸르듯 마음이 항상 청새와 같이 푸르다는 것입니다. 마음이 지혜로우니 강물이 도도하게 흐르듯이 그렇게 당당하게 삶의 보람을 느끼면서 사실 겁니다. 진리에 순응하며 내가 항상 자유스럽게 찰나찰나 나투면서 생동력 있게 용을 하면서 개발하면서 삶의 보람을, 우주의 섭리를 한꺼번에 쥐고서 나갈 수 있는 그런 능력을 우리가 다 가지고 나가는 것이 부처님이 가르치신 법입니다.

"풀 한 포기 버릴 게 없이
내 스승이로구나.
내 스승들이 나를 이렇게 가르쳐 주었으니
이 몸이 가루가 된들 나는
그대로 걸으리라."

07

뿌리 깊은 나무가 되어

이 세상과도 바꿀 수 없는 보배

한생각의 힘

내 한생각 법이 되어

전체를 위한 한생각

불가사의한 공부

내 한생각이 흔들린다면

독과 약

스스로 봄이 온다면

눈이 저절로 녹듯이

짐 없는 자유인

우리가 할 일

참사람의 법

둘로 보지 않는 마음이 되려면

세울 것도 없는 경지

그 청정함을 알기 위해서

선 공덕이 되려면

대인의 열쇠

한생각에 탁 맡겨 놓고

오늘을 싱그럽게 살아가라.

이 세상과도 바꿀 수 없는 보배

부처님 법이 따로 있고 우리의 생활이 따로 있고 그런 게 아니라 우리가 지금 세계적으로 움죽거리는 그 자체가, 우주적으로 움죽거리는 자체도 전부가 바로 한생각에 달려 있는 것입니다. 우리가 전자에는 어떠한 생각을 해서 역사가 그렇게 됐는지, 앞으로는 우리가 어떻게 생각을 해야 미래의 역사를 바꾸어 놓을는지, 우리의 생활이 국가적으로나 세계적으로 어떻게 달라지는지, 그것은 여러분의 마음에 달린 것입니다.

마음을 협소하게 생각하지 마십시오. 여러분의 그 마음은 아주 이 세상을 주고도 바꿀 수 없는 보배인 것입니다. 여러분이 여기 법당에 앉아 계시니까 부처가 이 법당에 계신 것이지, 만약에 여기 앉아 계시지 않는다면 부처도 없는 것입니다. 여러분이 이 세상에 나지 않았다면 우주, 세계, 생활 모든 게 없는 것입니다. 그러니까 그런 보배를 발견하려면 이 공부가, 지금 부처님 공부가 얼마나 참, 하지 않으면 안 되는 그런 것인지 모릅니다.

한생각의 힘

한생각이란 건 무궁무진해서 온 누리를 다 에너지로, 또는
통신으로, 또는 향기로 꽃을 피우면서 모든 것이 다 부족
함이 없이 모두 모체가 돼 주고 어버이가 돼 주고 바로 내
가 돼 줍니다. 이렇게 한다면 여러분이 싸울 일도 없고 좀
먹을 일도 없어요.

내 한생각 법이 되어

여러 가지가 사람에게 주어져 있기 때문에 우리는 무엇이든지 할 수 있습니다. 그러나 이 마음 도리를 모르고서는 생각했다고 그대로 되는 게 아닙니다. 내가 나기 이전과 더불어, 이전도 없고 지금도 없고 미래도 없고, 이렇게 같이 들어서 돌아갈 수 있어야 우주와 더불어 같이 돌아갈 수 있는 것입니다. 그럴 때에 비로소 우리는 한생각이 법이 돼서 그대로 이 세상에 나오는 것입니다.

전체를 위한 한생각

남의 일을 하는 게 아니라 내가 나를 위해서 일을 하게 되면 전체와 더불어 세세생생에 자유스럽게 벗어난다는 그점을 명심하시기 바랍니다. 한생각, 한마음을 내는 것으로 인해 내 몸속의 업식이 녹아진다는 걸 아셔야 됩니다. 그 수십억의 업식이 하나하나 사라진다는 것을 명심하셔야 됩니다.

불가사의한 공부

우리가 공부하는 것은, 공부라고 할 것도 없고 공부 아니라고 할 것도 없는 불가사의한 공부를 하는 것입니다. 인간으로서 이것을 하지 않고 간다면 영원토록 윤회에 말리며, 고통 속에서 벗어나지 못하며, 인과에서 벗어나지 못하며, 업보에서 벗어나지 못하며, 독 안에 들어도 못 면하는 그런 인생으로서 끝 간 데 없이 가야 할 테니까 말입니다. 그것뿐이 아닙니다. 여러분이 한 대로 그것이 유전을 통해서 자식들 대에도 내려갑니다. 그리고 위는 위대로 은혜를 갚지 못하는 이치가 되고요.

우리가 이 공부를 하면 위로는 조상들의 은혜를 갚고, 길러 준 은혜를 갚고 뼈와 살을 준 은혜를 갚고, 아래로는 자기 몸뚱이 속에 있는 중생들을, 인과로 만난 악업 선업들을 다 교화하고 보살로 만들고, 또 자기가 낳은 자식들한테도 뿌리를 도와줘서 가지와 이파리가 싱싱하고, 자식을 낳아도 대대손손 이파리가 싱싱하고 가지가 싱싱하게 됩니다. 그와 똑같습니다. 그러니 엄청난 문제입니다. 이 하나로 인해서 엄청난 문제가 벌어지는 것입니다. 한생각에서 엄청난 게 벌어지고 한생각에서 엄청난 게 없어진다는 얘깁니다.

내 한생각이 흔들린다면

그저 흥청망청 흥청망청 해 나가다가 보면 그냥 흐지부지 해 버리고 망해 버립니다. 그렇게 집안이 망하는 거죠. 집안이 망하면 나라도 좋지 못해. 나라도 망해. 인군이 마음이 흔들리면 신하도 마음이 흔들리고 국민이 마음이 흔들리고 전부 안됩니다.

　그렇듯이 이 몸에도 지금 내 오장육부 속의 세포를 통해서 수많은 생명들이 있는데 내 한생각이 흔들린다면 그것들이 다 흔들려서 내 집안은 망하게 되는 것입니다. 내 육신이 망하게 되는 겁니다.

독과 약

일체 만물만생이 다 악과 선을 갖추어 가지고 있습니다. 서로가 상응, 상조하면서 왜 그런 양 개체를 다 가지고 있느냐. 딴 데서 독을 품으면 이쪽의 풀 이파리 하나도 독을 품게 돼 있습니다. 그래서 독을 가진 자에게는 독풀이 되고, 선자에게는 약풀이 될 수 있다 이런 겁니다. 독풀도 약풀이 될 수 있습니다.

여러분도 여러분한테 나쁘게 하는 사람 앞에서는 나쁜 생각이 들게 되고, 좋은 생각을 해서 이익하게 해 주는 사람 앞에서는 이익한 생각이 든다는 얘기입니다. 그러니까 일체의 모든 생명과 만물이 다, 그 양 개체의 마음을 동시에 다 가지고 있다는 것입니다. 그래서 서로가 한생각이 그렇게 귀중하다고 생각이 됩니다.

스스로 봄이 온다면

여기 우리의 자원은 사람이 많아지면 많아질수록 점점 줄어드는 셈입니다. 공기도 탁하게 되고요. 그런 여러 가지 문제가 우리들의 마음 한생각에 달려 있으니 그것도 여러분이 공부하는 데 달려 있다고 봅니다.

그 마음을 우리는 전자의 선지식들이 배운 것처럼, 앞서 배운 것처럼 배우셔야 됩니다. 근래에 가르치는 배움이라는 것은 꽁꽁 언 얼음에다가 펄펄 끓는 물 한 바가지 갖다가 붓는 형국이니 봄이 온 것보다는 못하지 않겠습니까? 스스로 봄이 온다면 꽃도 피고 얼음도 녹을 텐데, 창창한 물이 자연적으로 그냥 흐를 텐데 말입니다. 그런데 아주 추운 겨울에 끓는 물 한 바가지 부어 봤자지 무엇을 할 수 있겠습니까?

그러니 우리가 스스로 깨달음으로써 자원이 튼튼하다는 얘깁니다. 이제는 기복을 벗어날 때도 되지 않았습니까? 기복을 벗어나서 내 원자에 근본적으로 그 능력이 주어져 있다는 것을 깨닫고 해 나갈 수 있어야만이 내 몸도 지탱하고 잘 끌고 다닐 수가 있고 남의 몸도 좀 끌어 줄 수 있는 문제가 나오지, 내 몸을 끌고 다니지 못하는데 남의 몸을 어찌 끌고 다니며 내가 길을 모르는데 남을 어찌 리드해 나가겠습니까.

눈이 저절로 녹듯이

말로 해서 상대가 받아 줄 때를 바라지 마세요. 눈이 잔뜩 와서 얼음덩어리가 태산같이 언 것을 끓는 물 한 바가지를 끼얹었다고 그게 녹는 게 아닙니다. 그냥 마음에 봄이 오게끔만 만들어 놓는다면, 아, 봄이 오면 저절로 눈이 녹지 않습니까? 저절로 녹아요.

짐 없는 자유인

지금 내 안에 과거의 선업 악업이 잔뜩 실려 있으니 어떻게 해야 자유인이 될 수 있겠는가. 단번에 그 짐들을 다 부려 버리면 자유인이 될 것이다. 지금 크게 한생각을 일으켜 진실로 놓아 버린다면 업의 테이프는 빈 테이프가 될 것이다.

우리가 할 일

우리가 호국 불교 정신을 갖는다는 것은 무엇이냐. 호국 불교라는 이름도 이름인 것입니다. 우리가 여기서 살고 있느니만큼, 내가 이 세상에 태어났으니만큼 내가 할 일은 내가 해야 하겠기에 하는 것입니다. 개별적인 여러분의 마음 하나가 하는 게 아니라, 바로 '주인공!' 하면 천체 일체 만물만생의 그 마음이 한데 합쳐서 돌아가는 것입니다. 그렇기 때문에 어느 분야든지 여러분이 잘 듣고 잘 봐서, 시각적으로나 촉각적으로나 감각적으로나 오관을 통해서 볼 때에, 세계적으로 어떠한 문제가 있다면 한생각을 낼 수 있는 그 마음이 바로 법이 되는 것입니다.

참사람의 법

여러분이 목마를 때 '물 먹겠다' 하고 계산하고 먹습니까? 무심으로 그냥 떠 먹습니다. 그게 바로 참사람의 활용입니다. 여러분이 금을 가졌다면 그걸 얼른 내놓지 않겠지만 걸레를 빨아 쥐었다면 빨리 내던질 겁니다. 빨리 빨아서 얼른 짜서 놓습니다. 금을 가졌더라도 빨리 짜서 걸레 놓듯 하십시오. 신발 벗어 놓고 올라가듯. 아시겠습니까? 금을 가졌다고 해서 이걸 소중히 생각하는 건 절대 금물입니다. 그렇다고 해서 갖지 말라는 게 아니에요. 관리인만 되라는 얘깁니다.

착을 두지 말고 욕심부리지 말고 분수를 알고 살고, 건너뛰지 못할 걸 건너뛰다가 개천에 빠지지 말고, 구덩이에 빠지지 말고 서서히 침착하게, 산이 태산같이 이렇게 있으면 서서히 돌아가고, 구덩이가 있으면 구덩이를 채우고 물이 흐르듯이 이렇게 침착하게, 어떠한 악조건이 닥친다 하더라도 안으로 굴리면서 그 자기 주인공 한 점에 모든 것을 맡겨 놓고서…. 거기서 나온 거니까. 자기로 인해서 나온 거니까, 악조건도. 자기로 인해서 악조건이 나온 것이지 딴 사람으로 인해서 나온 건 아니거든요. 잘못했든 잘했든 자기가 있으니까 나온 겁니다. 그러니까 거기에다가 모든 것을 맡겨 놓고서 한번 안으로 굴려서 바로 다시 놓는 그런 그 침착한 마음, 그리고 남을 원망하지 않고 둘로 보지 .않는 그 마음을 갖는다면 스스로서 수레바퀴 돌듯 합니다, 시간과 공간도 없이. 이것이 참사람의 법입니다.

　참사람의 법을 알아야 부처님이 가르쳐 주신 그 뜻도 알 것이요, 한마디 한마디 해 놓으신 그 뜻을 지금 현실에 맞추어서 현실의 용어로, 그때에 방편으로 쓰던 것을 현실의 방편으로써, 언어로써 이렇게 대치해서 그것을 서로에게 이득이 되고 공덕이 되게끔 이렇게 전달을 하는 것이, 바로 우리가 악조건의 그 구정물, 핏물, 고름물 전부 한데 합쳐서, 한데 새겨서 말갛게 만들어서 생수 물을 해서 떠 주는 것이나 마찬가지입니다. 그러한 한 방울의 생수가 아니라면 이건 전달할 수가 없는 겁니다. 부처님의 그 뜻을 전달할 수가 없는 것입니다.

둘로 보지 않는 마음이 되려면

참사람이 되려고 욕심을 부리지도 말고 또는 참사람이 아니 된다고 걱정할 필요도 없고, 오직 자기가 본래 가지고 있는 그 한 점의 공한 자리에, 공한 데서 나오는 것 공한 데다 다시 놓는다면, 다시 맡겨 놓고 믿음을 진실하게 갖는다면, 그리고 물러서지 않는다면 바로 거기에서 자기의 마음을 스스로 알게 되고, 그때는 부처님의 마음도 모든 중생들의 마음도 모든 걸 다 알게 되며 남을 해하지 않는 마음, 둘로 보지 않는 마음이 됩니다.

세울 것도 없는 경지

모든 것을 깔보지 말고, 모른다고 하더라도 모르는 전자前者의 나로 보고 모른다고 업신여기지 말고, 모자란다고 업신여기지 말고, 저런 짐승이 하찮다고 업신여기지 말고, 벌레라고 업신여기지 말고 '모두가 나 아님이 없다.'라고 생각을 굳건히 진실하게 했을 때, 비로소 그것이 나중에는 크고 커서 이 온 누리를 다 삼키고도 남음이 있을 때, "내가 사람이다." 이러고 세울 것도 없는 그런 경지가 돼 버리고 말았을 때, 그릇은 비고 또 우리가 한 발 한 발 떼어 놓는 대로 소소영영하게 살아나갈 수 있는 그런 기반이 완벽하게 설 때 우리는 비로소 한 사람이 되는 것입니다.

그 청정함을 알기 위해서

청정하다는 것은 깨끗해서 청정한 것이 아니라, 모든 일체 중생들의 눈물이 강으로 모이듯 구정물과 핏물, 고름물, 깨끗한 물 모든 것이 한데 합쳐서 돌아가는 것이 청정한 것입니다. 그래서 육조 스님이 말씀하셨듯이 "내 어찌 청정함을 알았으리까?" 하는 얘깁니다.

그 청정한 걸 알게 하기 위해서 여러분들한테 "모든 것은 내 주인공에 맡겨 놔라." 이렇게 말을 했습니다. 그건 왜? 기초에서 만약에 그렇게 맡겨 놓지 않는다면 한군데서 들고 나는 그 청정함을 모르기 때문입니다. 그리고 자기를 발견하지 못하면 청정함도 모르니까요. 그래서 청정함이라는 것은 모든 공생共生, 공용共用, 공체共體, 공식共食할 수 있는 그런, 시간과 공간을 초월해서 돌아가는 이것을 캐치한 그 지혜가 바로 청정입니다.

선 공덕이 되려면

항상 마음을 잘 내서 좋은 인연을 짓고, 좋은 인연을 짓게
되면 모두가 부드러워지고 모두가 선 공덕이 되는 것입니다.

대인의 열쇠

미생물에서부터 나 아님이 없다고 했습니다. 여기서 저기 옮겨 놓으면, 모습만 바꿔 놓으면 여러분은 모를 테지요. 나쁜 마음을 가지고서 그 도리를 알면 아마 '너 그전에, 내가 나기 이전에 너하고 살 때에 나를 갖다가 도끼로 쳐서 죽였지. 내 이 원수를 갚겠다!' 하고 들이덤빌 것입니다, 알면. 그러나 그 도리를 다 아는 사람이라야 열쇠를 가질 수가 있고 금고를 맡을 수가 있습니다. 원수나 갚겠다고 하는 사람 앞에는 열쇠가 맡겨지지 않고 금고가 맡겨지지 않습니다. 그건 소인이기 때문입니다.

대인은 원수로 갚는 게 아닙니다. 덕으로 갚아요. 덕으로 인도해요. 그것이 남이 아니라 과거의 나이기 때문입니다. 몰랐을 때 과거의 나이기 때문이에요. 그래서 모른다고 해도, 또 어떠한 억울함이 있다 하더라도 그것이 나이기 때문에 원한도 없고 원망도 없고 증오도 없어요. 그것이 참자비요, 참사랑입니다.

"한생각을 잘하면

모든 것을 다 얻게 되고,

한생각을 몽땅 쉬게 되면

과거 현재 미래, 삼세의 모든 삼독을

제거시킬 수 있다."

08

다 만 그 윽 한 마 음 을 내 라

진짜 사랑

안으로 돌리는 작업

섬기면서 이끌면서

상대가 되어 볼 수 있는 마음

한 사이가 없이

무주상의 보시

다만 그윽한 마음을 내라

저절로 섬기는 마음이 생기려면

나 하나의 마음가짐이

스님들의 마음가짐

마음의 밑바닥

좁은 문

무공덕

법계의 눈

포괄적인 하나

마음 내기 이전

마음이 빚어낸 줄 안다면

불바퀴 뒷면에 타지 않는 그것

무주상으로 전하는 뜻

한마음이 되려면

무서우면서도 자비스러운 법

한바다가 되려면

항상 고정됨이 없이 돌아가고 있으니

마음의 샘물

우리가 걸어야 할 길

몽땅 다 준다면

한마음은 바로

만물이 비롯된 근원이요,

돌아갈 고향이다.

진짜 사랑

사람으로서 어찌 사랑이 없고 도의가 없고 의리가 없겠습니까마는 그렇게 거죽으로는 천연덕스럽게 하면서도 마음과 더불어 착, 욕심, 그 모든 것을 맡겨 놓고서 사랑한다면 무궁무진한 사랑이 아닐까 생각됩니다. 그러고도 변치 않는 사랑이 되고 영원한 사랑이 되고. 그래서 진짜 사랑을 하는 사람들은 그러한 모습에다 착을 두지 않고 모습으로 인해서 울고 쓰라려 하지 않습니다.

안으로 돌리는 작업

누가 좀 나쁘더라도, 좀 이익이 덜 가더라도, 밑지더라도 그것을 눌러서 낱낱이 마음 안으로 놓으면서 맡기면서 모든 것을 안으로 돌리는 작업을 하실 때에 비로소 거기에서 진짜 자비가 나오고 진짜 사랑이 나오고 진짜 인간의 미가 흐릅니다. 우리가 인간으로서 살면서 참자비, 이 뼛속에서 우려져 나오는 그 피의 자비가 아니라면 어찌 이 만유의 근본을 알겠습니까.

섬기면서 이끌면서

자기 주인공을, 안으로 내면의 진짜 자기를 믿어야지 거기에서 바깥으로 나가면 안 됩니다. 자기 집을 자기 주인이 지키고 아래로는 자기 중생, 즉 자기 육신을 올바르게 이끌어 가면서 보호하면서 보조를 맞춰 가면서, 마음이 아래로는 보호신이 돼야 하고 위로는 자기 근본, 영원한 자기의 실생명을 존중해야 합니다. 자기가 자기 생명을 존중을 못하는데 남이 어떻게 자기 생명을 이끌어 줍니까?

그래서 상구보리 하화중생이란 말이 있습니다. 아주 극치적으로 축소했을 때는 그렇게 하면서, 바깥으로 존중하고 예의를 지키고 그러는 것은 자기 아버지, 어머니, 윗분들을 섬기는 마음으로, 자기는 항상 겸손해야 하고, 또 아랫사람을 리드하는 데는 언제나 따뜻하게 리드해 나가는 그런 마음을 가져야 합니다.

상대가 되어 볼 수 있는 마음

우리가 모두 한마음으로서 조금도 버리는 게 없이, 갖는 게 없으면서도 버리는 게 없이 겸손하고, 내 위로 생각하지도 말고 내 아래로 생각하지도 말고 모든 걸 나와 같이, 내 슬픔과 같이 생각하고 내 아픔과 같이 생각하고 내 몸과 같이 생각하고, 내 쓰라림과 같이 생각하고 나의 생명과 같이 생각한다면, 어떠한 문제가 있더라도 한번 저 사람이 돼 볼 수 있는 그런 마음을 가지고 다시 한번 굴려보는 이러한 지혜를 가진다면 그것이 우리가 공부하는 데 큰 역할을 합니다.

한 사이가 없이

우리가 알지 못하게 갖다 준다고 해서 그게 무주상 보시가 아니에요. "이거 쓰십시오." 하고 갖다 준다 하더라도 그게 무주상 보시가 되게끔, 돼 있게끔 스스로 알아야 된단 말입니다. 갖다 줘도 갖다 주는 사이가 없고 받아도 받은 사이가 없어요. 그게 무주상 보시라. 저 사람이 말을 했는데 내가 말을 받았다 해서, 즉 말하자면 그것이 둘이 되면 그게 무주상이 아니에요. 그건 공덕이 하나도 없어요, 둘이라면. 근데 서로 만나서 전달하고 이렇게 줬어도 둘이 아니거든요. 내가 내게 줬고 내 돈 내가 받았고, 서로가 둘이 아니거든요. 그럴 때에 무주상이 되는 거고 그럴 때에 공덕이 되는 것입니다.

무주상의 보시

진실로 남을 사랑한다면 물질을 주는 것보다도 내가 한생각을 내서 무주상 보시를 해 주는 것이 길을 밝혀 주는 일이요, 암흑에서 벗어나는 길입니다.

|

내가 이익이 없더라도 그냥 무심 도리로써, 그냥 무주상으로 해라. 이런 도리가 아니고는 보살이 될 수 없다.

다만 그윽한 마음을 내라

어머니가 도둑질한 자기 자식을 말없는 슬픔으로 감싸듯이 다른 사람의 행업을 마음으로 감싸면서 자비심을 내도록 하라. 정법이니 사법이니 가리느라 신구의로 업을 짓지말고 다만 그윽한 마음을 내도록 하라.

저절로 섬기는 마음이 생기려면

법당에 들르면 그 부처님 몸과 내 몸이 둘이 아니요, 부처님 마음과 내 마음이 둘이 아닐지언대 그리로 한데 뭉쳐서, 한데 합쳐서 '주인공!' 해도 좋고, 이 삼라대천세계의 주인공이 될 수도 있는 거고 아예 나한테로 부처님을 끌어당겨서 하나로 또 '주인공!' 해도 좋고, 이건 자유자재라! 그래서 삼배를 부처님한테 올려도 그것이 자삼보自三寶한테 올리는 거지 누구한테 올리는 게 아닙니다. 자부처한테 올리는 거다 이겁니다. 그런데 누가 받았다고 '내가 절했지.' 이런 위세를 부리고 '내가 시주했지.' 이런 위세나 부리고 '내가 얼마 했는데 이렇게 안 돼?' 안 되는 것도 되는 것도 자기 뿌리만 싱싱하다면 가지도 이파리도 다 싱싱할 것을 왜, 누구한테다 해 달라 하느냐 말입니다.

물론 그 한 점의 마음 속에 전부, 우주 삼천대천세계 일체 만물만생이, 유생 무생이 다 들어 있고 가깝게 있기 때문에 내가 딴 데로 갈 필요가 없단 얘깁니다. 그렇다고 해서 불법을 믿지 말라는 게 아니에요. 절에 가되 그럴수록 더 예의는 갖추어야 하고 그럴수록 받들어 생각해야 합니다. 그러니까 위로 모시라는 게 아닙니다. 위로 모시게 되면 언제나 버릴 때도 있지만 '내 몸과 둘이 아니다. 내 마음과 둘이 아니다. 내 아픔과 둘이 아니다. 모든 것이 나와 둘이 아니다.'라고 생각했을 때 저절로 섬기는 마음이 생기고 저절로 지혜가 생기고 저절로 그 정법의 이치를 알게 되고, 자비가 스스로 나오고 무주상 보시가 스스로 나오게 됩니다. 이것은 공의 이치를 생동력 있게, 우리가 '삶의 보람이 바로 이거로구나.' 하고 알게끔 되는 것이다 이겁니다.

나 하나의 마음가짐이

마음으로는 당당하고 도도하되 내 모든 행으로는 겸손하고 언제나, 위를 보면 위를 보는 대로 아래를 보면 아래를 보는 대로 항상 엽렵하고 자비한 마음으로 남한테 할 수 있는 그런 가짐가짐이를 잘 가져야 된다는 얘깁니다.

여러분이 말 한 번, 행 한 번 잘못하고 돌아가면 연쇄적으로 잘못되는 게 어디까지인 줄 아십니까? 나에게만 미치는 게 아닙니다. 역대의 조사들한테도 미칠 뿐 아니라 저 끄트머리로 가서는 석존까지 일컬어져 버린단 말입니다. "저 불자들이 하는 일이 저게 뭐야? 저 행동 좀 봐!" 그런다면 어떻게 되겠습니까. 불자라고 했습니다. 불자는 누구를 말하는 겁니까? 석존이 따로, 그분이 따로 있는 게 아닙니다. 그분이자 여러분입니다. 여러분이자 나고 내가 여러분이거든요. 동시에 욕을 먹는 것입니다. 동시에! 누구를 막론해 놓고 말입니다.

스님들의 마음가짐

우리 스님네들이 공부하는 것은, 위로는 자기 영원한 생명의 그 근원을 존경하고 또 항상 그렇게 보조를 맞춰서 보호해 나가야 하고, 아래로는 자기 육신의 보호신이 돼야하고 올바르게 이끌어 가야 합니다. 동시에, 항상 제 주인공 자체의 근원, 영원한 생명 그 자체하고 같이, 바깥으로는 내 은사를 존경하면서, 또 아래로는 자기 몸과 자기 아픔과 은사의 아픔과 은사의 몸과 동시에 같이 생각을 하면서 가야 합니다. 항상 더하지도 않고 덜하지도 않은 참사랑으로서, 참자비로서 해 나갈 수 있는 그런 지혜로운 예의와 겸손과 자비를 동시에 가지고 굴러야 된다는 얘깁니다.

우리 스님네들은 입산을 했으니까 자기 은사가 아버지거든. 그렇기 때문에 그렇게 섬겨야 하고, 안팎이 똑같이 항상 그렇게 가는 것이, 즉 말하자면 하화중생이라고 한 겁니다. 내 몸과 더불어 하화중생이지 어디 하화중생이 따로 있느냐는 얘깁니다. 그래서 상구보리 하화중생이라고 한것이지 따로따로 있다면 그렇게 말을 안 하셨을 겁니다.

마음의 밑바닥

선원에 오는 분들이 다 마음이 100% 흥락한 것이 아닙니다. 어떤 사람은 밉고 어떤 사람은 이쁘고, 어떤 때는 좋고 어떤 때는 나쁘고 그렇습니다. 그렇죠? 중들도 보기 싫은 사람이 있고 보기 좋은 사람이 있고 그렇죠?

보기 좋은 한바다가 쭉 돌아가면서 물이 흐르고 있습니다. 그런데 그 바다가 그렇게 곱게 보이고 아주 광대무변하게 보여도 때로는 폭풍이 일어나고 소용돌이가 일고 파도가 일고 사람을 범접 못하게 하는 수가 있습니다. 그럴 때는 사람이 좋다고 가서 서 있을 수가 없죠. 그것은 왜 그러느냐? 여러 식구를 먹이고 여러 식구를 살리기 위해서입니다. 물속 밑바닥에 아주 누적이 돼서 태양 빛도 못 받고 또 먹을 것이 없어서 애를 쓰는 생명들을 위해서 뒤집는 겁니다. 뒤집어서는 길을 찾아서 먹을 거를 다 제대로 먹고 태양력을 쏘여라 이겁니다.

그런데 우리가 미운 중도 있고 이쁜 중도 있고 그렇다고 그래서 중을 보는 게 아닙니다. 중을 볼 사이가 없습니다. 딴 중들 볼 사이가 어딨습니까? 지금 우리가 앞을 다투면서 나가야 될 문젠데. 제가끔들 지금 자기가 자기 과제를 벗어나려고 나가는 길에 거기서 돌부리나 차고, 이 돌 차고 저 돌 차면서 장난하고 나가렵니까? 미운 생각을 하면 한없이 밉고 이쁜 생각을 하면 한없이 이쁜 겁니다. 그건 왜냐? 물론 서로가 이쁜 짓을 못했기 때문에 이쁘게 보이지 않겠죠.

허나 그것은 상관없이 그 사람의 일이지, 어떤 중이든지 사람이든지 보살님들이든지 자기가 잘못했으면 자기가 대가를 받는 거지, 제삼자가 그것을 미워할 필요는 없다 이겁니다. 그리고 여러 사람들이 나간다 하더라도 그걸 볼 여지가 없습니다. 남이 잘못하고 잘하고 그거 볼 여지가 없다. 그걸 볼 여지가 없고, 그 잘못되는 것을 볼 때 '아, 저게 예전에 내가 몰랐을 때 내 모습이로구나.' 또 저 말을 들었을 때, 불쾌한 말을 들었을 때는 '아, 나도 전자에 저렇게 무식하고 저렇게 참 불순했겠지.' 이렇게 자기한테로, 자기 탓으로 돌려야 공부가 되는 거지, 남의 탓을 하고 바깥으로 끄달린다면 절대 남을 리드할 수도 없고 내가 벗어날 수도 없는 것입니다.

좁은 문

체험하고 놓고 돌아가고 하는 그 공부에 있어서 들어오는 문은 넓지만 나가는 문은 좁아요. 미국 학교나 마찬가지예요.

무공덕

우리 서울에 와서 살거나 외국에 가서 살다가 보면 고향을 꼭 찾아가지 않습니까? 그리고 자기 살던 데는 가끔 가서 보죠. 거기 인척들이 있으니까. 사람이나 동물이나 생물이 모두, 물에서 사는 생명들도 역시 그것은 있습니다. 즉 말하자면 새끼를 낳고 또는 거기에서 집을 짓고, 여러분은 눈에 보이지 않지만 다 각자 집이 있어요. 물 안에서도. 각자 집이 있어서 자기네들 집을 찾아가느라고 무척 애를 쓰는데, 어째서 방생한다고 오히려 못된 일들만 골라 가면서 합니까?

차라리 눈앞에 보이는, 앞에 닥친 불쌍한 사람이 있으면 보태 주고, 또는 앞에 불쌍한 사람이 있으면 건져 주고, 또 마음공부 하는 사람들은 무주상으로 한생각 무심코 들 때에, 마음에 들 때에 그때 함이 없이 그대로, 자기 마음먹은 대로 자기와 둘이 아니기에 그대로 된다는 얘깁니다. 그런데 그렇게 어려운 것도 아니면서 폭이 넓은 광대무변한 이 법이 여러분의 한 점의 마음에 달린 것을 구태여 그것을 지어 가지고 놀부의 짓들만 하고 다니니 이 노릇을 어떻게 했으면 좋겠습니까? 그러니 달마 대사께서 공덕이 하나도 없다고 양 무제더러 말한 것이 생각납니다.

법계의 눈

여러분이 지금 심心 안에 들어 있는 중생들은 이끌어 가면서, 타의 중생들은 또 이끌어 오면서 이렇게 하는데, 여러분이 그렇게 착한 일 또는 이익한 일, 좋은 일, 부드러운 말, 부드러운 행, 이익한 마음 이런 것을 다 가지고 나가는 데는 얼음판에서 꺼질까 봐 한 발 한 발 아주 조심조심해서 딛고 나가는 것과 같습니다. 그럴 때는 아무도 안 보는 게 아닙니다. 우주 전체에서 내려다보고 있으면서 '아유, 저거…' 하고 그냥 가게 내버려 둡니다. 꺼지게 되면 그때 발을 들어 줍니다. 모든 마음들이, 한마음이 내려다보고 그렇게 기뻐하고, 그 음파가 우주 법계를 두루 하면서 꽃향기를 뿜는 격입니다. 그러고는 '아유, 저거 잘 걸어가야 할 텐데, 잘 걸어가야 할 텐데…' 모든 그 한마음 법계에서 그렇게 하고 계시다 이겁니다.

여러분이 하나하나 하는 것을 여러분이 아시기 때문에 그 아는 마음이 우주 법계에 직결돼 있습니다. 이 불기둥, 이 주인공 불기둥이 우주 법계와 연결돼 있고 직결돼 있다는 말입니다. 그리고 이 삼라만상의 모든 세상살이가 모두 인연줄에 얽히고설켜서 가설이 돼 있다는 얘깁니다. 보이지 않는 인연줄에….

포괄적인 하나

모든 의식들, 모습들이 나와 둘이 아니니까, 이 내 몸속에 있는 게 둘이 아니니까 한마음이다. 한 몸이요, 한 마음이요, 한 행동이요, 모두가 하나다. 개별적인 하나가 아니라 포괄적인 하나. 그래서 한마음에 그 한 기둥을 세워서 중심을 세우니 주인공이라.

|

한 마음이 아니라 한마음, 개별적인 마음이 아니라 포괄적인 마음. 포괄적인 마음 속에는 우주 천하의 모든 유생 무생이 다 거기 들어 있다는 말입니다.

마음 내기 이전

마음 내는 게 아들이라면 마음 내기 이전이 바로 아비입니다. 아비는 물렁물렁하지도 않고 단단하지도 않고 변하지도 않고 떠도 줄지 않고 부어도 두드러지지 않는 아주 적멸한 그런 뜻이 있습니다. 우주 전체를 우린 가지고 있는 겁니다.

마음이 빚어낸 줄 안다면

마음이라는 것이 참 묘하고도 광대무변한 도리입니다. 이 마음이라는 것이 삼라만상 일체 만물만생을 빚어낸 것입니다. 이것을 알면 조금이라도 어리석은 짓을 하겠습니까.

왜 일부러 긁어서 부스럼을 만들어서 군더더기 붙입니까. 깨끗하다 더럽다 이걸 떠나서, 잘한다 잘못한다 이걸 떠나서 그냥 평범하게 그대로 조건 없는 사랑을 할 수 있으며, 내 아픔과 둘 아니게 볼 수 있으며 생각할 수 있으며, 내 자리와 둘 아니게 볼 수 있으며, 모자라는 사람을 볼 때 내가 모자랐을 때의 모습으로 볼 수 있다면 모두가 화목하고 모날 일이 하나도 없습니다. 가정이나 사회나 국가적으로나 세계적으로나 영적으로나 지금 물질세계나 모두가 하나도 모가 날 일이 없다는 얘깁니다.

불바퀴 뒷면에 타지 않는 그것

마음도 공했다는 그 사실이 어떠한 것인가. 고정됨이 없이 찰나찰나 시간과 공간을 초월해서 돌아가는 그 자체가 바로 블랙홀이라고도 하고 불바퀴라고도 하는데 그 불바퀴 뒷면에 타지도 않는 그것, 그것이 바로 영원한 것이며, 영원한 길은 마음속에 들어 있는 것입니다. 길이 진리니까.

무주상으로 전하는 뜻

나는 이런 소리 해 온 지가 근 30년째 됩니다. 나는 내 인생이 있는지 없는지도 모릅니다. 하지만 이렇게 하루살이로 여러분과 같이, 여러분이 울면 같이 울고 여러분이 웃으면 같이 웃고 여러분이 아파하면 나도 같이 아파하는 이러한 마음은 가졌습니다. 얼마나 좋습니까? 이 세상에 같이해 줄 수 있는 그 마음이.

모두가 같이할 수 있는 마음이 있건만 모두가 냉소하고 여러분의 마음으로, 자작으로 지어 가지고 네 탓 내 탓을 가리면서 나누고 이렇게 하는 까닭에 물질로써 조금 그거 줘 봤자야, 남을 도와준다고 줘 봤자야 아무것도 아니에요, 그것은. 무주상 보시가 제일 으뜸이거든. 세세생생에 벗어날 수 있는 무주상 보시 말입니다. 유주상 보시는 항상, 쌀 한 가마를 누구한테 선사를 했어도 그거 달랑 먹으면 없습니다. 여러분의 인과응보라든가 병고의 유전성이라든가, 모든 인과응보를 좀 더 없애 줄 수 있는 무주상 보시를 해 줄 수 있다면 얼마나 좋겠습니까.

한마음이 되려면

한자리, 한마음이라는 그 근본은, 모두가 나 아님이 없고
내 체가 아님이 없고 내 아픔 아님이 없고 내 자리 아님이
없을 때, 비로소 그 마음은 한마음이 될 수 있느니라.

무서우면서도 자비스러운 법

새소리가 나고 봄에 꽃이 피고 물이 흐르고, 이것이 바로 공생을 하면서 공용을 하는 공음파를 보내고 이심전심으로 우리가 같이하고 있다는 것입니다. 그러니까 자기 자신을 못 믿고 자기 자신을 개별적으로 생각하고 '나는 힘이 없어, 중생이니까.' 이렇게 생각하지 마세요. '주인공 한마음이시여.' 하면 일체가, 전체가 그 한마음 속에 다 들어 있는데 원력이 얼마나 무쌍합니까?

마음이란 건 내놓을 게 없고 체가 없기 때문에 그 무전자의 이치는 유전자로 통해서 형상이 되죠. 이것이 우리가 삼위일체로 돌아가는 멋진 마음, 이 멋진 아름다움, 멋진 법입니다. 한번 치면 그냥 딱 잘라지는 것. 잘라지면서도 잘라짐이 없는 그 멋진 법. 여러분이 이 무서운 법이면서도 자비스러운 이 법을 생각해 보신다면 여간 좋지 않습니다.

한바다가 되려면

남이 잘하는 것, 못하는 것을 보기 이전에, 그걸 봤으면 보는 대로 그냥 주워 넣으세요. 그냥 보는 대로 주워 넣으라고요. 그리고 부드럽게 해 줌으로써 그냥 한바다가 되는 것입니다.

항상 고정됨이 없이 돌아가고 있으니

정법이니 사법이니 또는 이것이 옳은 거니 저것이 옳은 거니 이렇게 할 수가 없는 것이 바로 진리입니다. 만약에 '이런 것이 정법이므로 이렇게만 해야겠다, 이렇게 해야만 공부한다' 하는 그러한 고정된 관념이 있다면 그것은 그르치는 일입니다.

우리가 선 공부 하는 데는 항상 고정됨이 없이 인간이 돌아가고 있고 세상이 돌아가고 있고 모두가 공해서 돌아가고 있으니까 말입니다. 그래서 어느 거 하나 높은 게 있다고 자랑할 것도 없고 얕은 거라고 해서 패배당할 것도 없는 것입니다. 그리고 낮게 볼 것도 없고 깔볼 것도 없는 거죠. 만약에 얕은 것이 없다면 높은 것이 자랑할 게 없으니까 말입니다. 이렇게 모두가 한 몸, 한 뜻, 한 마음, 한 생명 이렇게 해서 돌아가고 있는 이 공체가 어떻게 남이겠습니까.

마음의 샘물

마음에서 스스로의 샘물이 퐁퐁 솟아 나와야 그 물을 가지고 씻기도 하고 쓰기도 하고 먹기도 하고 퍼 주기도 하고, 나와 남이 더불어 둘이 아닌 이 중생을 배부르게 할수 있습니다. 도는 본래 있는 그 샘물로 내 중생을 내가 다룰 줄 아는 것이고, 남의 중생도 내 중생과 둘이 아니니 그렇게 다뤄야 하고, 그렇게 서로 공식해야만 하는 것이 본래 근본적으로 진리입니다.

우리가 걸어야 할 길

'공식共食이다' 이러면 먹는 것만 가지고 말하는 게 아닙니다. "어떤 것이든지 집어삼켜라." 이런 뜻이죠. "네 앞에 닥치는 것 집어삼키고, 가는 것 잡지 마라." 이것이 바로 우리가 걸어야 할 길입니다.

몽땅 다 준다면

사랑을 하려거든 몽땅 다 주십시오. 하나하나 '내 것, 네 것' 이러면 다 얻질 못합니다. 몽땅 다 주신다면 서로가 다 나 아님이 없기 때문에 몽땅 다 내 것이고, 몽땅 다 나 아님이 어디 있겠습니까. 그럴 때에 우리 서로가 내가 그분의 속에 들어갈 수도 있고, 내가 그분이 될 수도 있고 그분이 내가 될 수도 있어야 이 우주 섭류의 근본을 알아서 서로 진짜 물질 아닌 무주상 보시를 할 수 있는 그런 능력과 더불어 다섯 가지의 오신통을 그대로 부리면서 우리는 참다운 대장부로서의 자유인이 될 것입니다.

"모든 것을 주인공에 몰입해서 놓으면

그것이 큰 바다로 이루어진다.

지혜 바다로 이루어진다."

큰스님   "확실히 봄이 온 것 같죠? 확실히 봄이죠?"

대중   "예."

큰스님   "모두 여러분 마음속에 사계절 없는 봄이 와야 되겠습니다. 아시겠죠?"

대중   "예."

큰스님   "사계절 없는 봄! 마음속의 봄맞이! 여여하게 봄을 활보할 수 있는 봄맞이 말입니다. 우리는 정신적인 50%의 맛을 모른다면 물질계의 50%에서 허덕거리다가 꺼져 버립니다. 영원한 것이 뭔지 허망한 것이 뭔지 그것조차도 가늠 못하고 갈 것입니다. 또한 영원토록 벗어나지 못할 것입니다. 여러분들이 몸이 살아계실 때에 모두 상대가 있고 인연의 법칙이 있고, 이런 반면에 공부할 수 있는 것입니다. 몸이 없어지면 더하고 덜함도 없기 때문에 벗어날 길이 없습니다."

09

공부하는 이들에게

공부인의 자세

보면서 보지 않는 공부

안을 보라

그 안의 주장자를 잡고

이름을 배우지 말고

자기가 자기 마음에 순응하면서

너의 마음에 직결되어 있다

지혜로운 바보

남을 탓하지 말고

내가 할 수 있는 것부터

한 생각과 한생각

불국토를 만들 수 있는 역량

자기가 결정하는 것이 그대로 용用

공부의 착著

심력을 기르는 여건

자기 생각대로 하려는 관념

국가적인 일에 대해서도

애를 쓰지 않는 마음으로

진짜 참선

하면서도 하지 않을 줄 알아야

선禪의 지름길

모두가 나를 위해서

무주상 보시의 공덕

내 임이 너무 많아서

자기 자신의 은혜

한계 없는 마음으로

선행의 길

내가 바빠요

입산하는 사람은

평발이 되어

명심해야 할 것

마음과 마음의 전달만이

이롭게 하려면

값비싼 눈물 한 방울

인간의 큰 도리

스승 아님이 없으니

정신 발전의 길로

모두를 위해서

탑을 올리듯이

방황하지 않고 인내를 가지고 한다면

나무를 뚫듯이

공부하는 이들에게

흙이 딴딴하게 굳어 보라고,

싹이 나오나.

물을 녹녹하게 칠해야

그 싹이 호붓하게 나오지.

공부인의 자세

공부하는 사람은 남 탓을 안 합니다. 남을 원망 안 합니다. 남을 증오 안 합니다. 남의 말에 끄달려서 돌아가지 않습니다. 남에게 참견을 안 합니다. 모든 것을 안으로 굴립니다. 참견을 안 하되 참견을 할 수 있는 것은, 내 앞에 닥친 참견은 해야지요. 이 도량에서도 만약에 자기 생각에 뭐가 잘못 돌아간다 이럴 때는 주인공에 맡겨 놓고 이렇게 해야지, 이걸 말로 발설을 하고 이 사람이 어떻고 저 사람이 어떻고 이런다면 일이 하나도 해결이 안 됩니다. 오히려 바깥으로 더 커지죠.

이런 건 다 놔 버리고 자기한테만 오로지, 자기 주인공한테만 맡겨 놓아야 합니다. 왜냐하면 자기가 있기 때문에 상대방의 소리를 들었고, 자기가 있기 때문에 상대방이 하는 걸 봤고, 내가 있기 때문에 상대방의 눈에 거슬린 거지, 내가 없이 어떻게 거슬립니까.

보면서 보지 않는 공부

공부를 하는 분들은 저 사람이 어떠한 잘못을 했다 하더라도 그건 보지 말라 이겁니다. 지금 나 가기도 바쁜데 왜 거길 보느냐. 응? 왜 거길 봐! 그것부터 배워야지 만약에 그것부터 배우지 못한다면 이건 만날 그 그릇에 엎드려져서 그릇에서 헤어나질 못해요. 그게 습이거든. 잘못되는 것을 보지 말라 하는 게 아니라 그대로 보면서 보지 말고 안에다 놔 버려라 이겁니다. 잘못된 물건은 용광로에 넣어서 다시 물건을 생산해서 내도록 자비를 가지라는 말입니다.

안을 보라

여러분이 공부하는 데 제일 내가 의려하는 것은 여러분이 바깥을 보고서 잘한다, 못한다 하는 것입니다. 안으로 굴리면서 모든 걸 안에다 놓고, 남이 잘못하는 게 보이걸랑은 안에다 '과거의 나도 잘한 것만은 아니니까 그것도 바로 과거의 나였지.' 그리고선 맡겨 놓고, 또 잘하는 것도 봤으면 맡겨 놓고 불쌍한 사람을 봐도 맡겨 놓고, '저 사람이 잘돼야지.' 하는 것도 생각이 나걸랑 맡겨 놓고…. 그건 보리심이거든. 보리심을 일으키는 그 마음도 여기다가 맡겨 놔라 이거예요. 그래야 그 원자력 에너지에서 무주상 보시로써 거기까지 도달하게 되는 것입니다.

그 안의 주장자를 잡고

우리가 공부하는 자세는 항상 그 마음에, 울더라도 그 안의 주장자를 잡고 울고 또 괴로워도 그걸 붙잡고, 좋아도 그걸 붙잡고 감사하고, 죽으나 사나 그것 아니면 아니 됩니다. 그렇기 때문에 바깥으로는 절대 착과 욕심을 떠나야 합니다.

이름을 배우지 말고

여러분이 보시, 지계, 인욕, 정진, 선정, 반야 이 여섯 가지를 하나하나 배우려면 어느 천 년에 자기가 자기를 알겠습니까? 이름을 배우려고 하지 마세요. 육바라밀의 행을 할 수 있는 그런 능력을 세우기 위해서는 당당할 수 있는, 떳떳할 수 있는 참다운 자유인이 되십시오.

자기가 자기 마음에 순응하면서

내가 책을 읽고 잘 안다고 해서 뻣뻣이 굴지 말고 항상 녹신녹신하게, 겸손하게 순응하고, 자기 마음이 자기 마음한테 순응하라. 자기가 자기를 모르면, 순응을 못하면 남한테도 순응을 못한다. 그리고 부처도 자기한테서 발견을 못한다. 항상 높고 뻣뻣하니 부처가 나올 수가 있나? 흙이 딴딴하게 굳어 보라고, 싹이 나오나. 물을 녹녹하게 칠해야 그 싹이 호봇하게 나오지.

너의 마음에 직결되어 있다

상대를 믿고 그렇게 가다 보면 세세생생을 두고 노예밖에
더 되겠습니까? 종노릇밖에 더 하겠습니까? 종노릇을 하
라고 부처님께서 가르치신 게 아닙니다. "당당하게 너는
땅을 짚고 일어나거라. 절름발이가 되지 말고, 눈 뜬 장님
이 되지 말고, 귀머거리가 되지 마라. 이 우주 천하 모든
도리천은 너의 마음에 직결되어 있다." 이렇게 가르치신 것
입니다.

지혜로운 바보

석존이 있다 할지라도 나와 둘이 아니고 바로 나이기에, 높다고 생각을 한다면 그르치는 일입니다. 부처님의 마음을 헤아릴 줄 몰라요. 거지라고 해서 아래로 보고 내가 위에 앉으면 그 마음이 어리석은 마음이라. 자기를 자기가 보기는 어려운 것입니다. 선지식께서도 아주 똑똑한 자보다 좀 둔한 자가 낫다고 하신 뜻은 어리석고 못나서 둔한 자라고 그런 게 아니라 무조건 들어가는 둔한 자, 지혜가 풍부한 사람을 둔한 자라고 했던 것입니다.

남을 탓하지 말고

우리가 마음의 보배를, 싱그럽게 공부할 수 있는 그 마음을 가질 때는 언제나 나를 세우지 말고, 남에게 참견하지 말고, 주변에 어떠한 문제가 있더라도 남을 탓하지 말고 '남이 이렇게 해서 이렇다' 이러지 마세요. 남의 탓이 절대 없습니다.

내가 할 수 있는 것부터

살아나가면서 내 분수에 맞게 하시되 이 주인공에 비추면서, 이렇게 굴린다 할지라도 아주 뛰어넘을 수 없는 것을 하시라는 게 아니라 내가 뛰어넘을 수 있는 그런 것을 항상 해 나가시다 보면 넓은 다리도 뛸 수 있게끔 서서히 돼 나갑니다. 점차적으로 말입니다.

한 생각과 한생각

여러분은 못난 게 아니고 능력이 없는 게 아닙니다. 여러분이 생각하기에 달렸고, 생각하면서 밀고 나가는 데 의의가 있고, 생동력 있고 또 삶의 보람이 거기에서 오는 것입니다.

바로 한 생각에서 '아이고, 이렇게 삼재가 들었다는데', '이렇게 언짢다는데', '내가 몇 살이면 죽는다는데', '새달에 언짢다는데' 이런 것에 말린다면 여러분이 바로 귀신 아닌 귀신입니다. 미신이 따로 있습니까? 여러분의 마음이 미신이지. 미신의 생각을 했기 때문에 미신의 행을 하는 것입니다. 그것은 아마 세세생생에 떨어뜨리기 어려울 것입니다. 잠재의식 속에 그것이 바로 습이 돼서 돌아가기 때문에 그것이 인과응보가 되고 유전이 되고 그래서 떠날 수가 없습니다.

툭툭 다 떨어 버리고 나 자체, 그 근본의 근원을 가지고 하나하나 체험하면서 나가신다면 얼마나 이것은 다양한 일입니까. 우리가 근본적으로 우주적인 문제도 해결할 수 있는 한 점의 그 티 하나, 불씨 하나가, 온 누리를 다 집어삼킬 수가 있는 그 불티 하나가 이렇게 능력이 있다는 걸 어찌 여러분은 모르십니까?

불국토를 만들 수 있는 역량

전기는 항상 들어와 있는데 적게 쓰고 많이 쓰는 것은 나한테 달린 것이고, 또 다양하게 쓰는 것도 나한테 달려 있는 것입니다. 누가 쓰라 해서 쓰고, 쓰지 말라 해서 쓰지 않는 것은 아닙니다. 여러분이 살림하면서 다양하고 슬기롭게 항상 생활 속에서 쓰는 것이지만, 생활 속에서 쓰는 그 참다운 우리 삶이 바로 우주 만유에 있다고 생각해 보셨습니까.

어찌 해와 달이 있다 해서 마음보다 크리까! 이 세상을 다 점령하고도 남음이 있고, 바다를 다 삼키고도 남음이 있고, 세상을 다 굴리고도 남음이 있는 이 한 점의 마음이라는 것은 태양보다도 더 밝고, 저 달보다도 더 위대하고, 이 세상 우주 만유보다도 더 위대하다는 것을 여러분은 아셔야 할 것입니다. 이 한 점의 마음이 전 우주의 개발과 또는 자비와 서로서로의 활용으로 스스로 바꿔지면서 화하면서 영양소로 만들어서 불국토를 만들 수 있는 그런 역량을 우리 인간들이 다 가지고 있습니다.

자기가 결정하는 것이 그대로 용用

여러분은 애들이 있고, 부모를 모시고, 남편을 모시고, 아내를 데리고, 이렇게 가정을 가지고 사시기 때문에도 그렇지마는 참 여러 가지로 고통을 가지고 있는 분들이기 때문에 첫 번에는 "당신의 주인공이 있으니까 주인공이 이끌어 가고, 주인공에 의해서 생각이 나고, 주인공만이 당신을 형성시켰고, 당신의 주인공이 운전수와 같이 당신을 끌고 다닌다." 하는 것을 제시하는 것입니다. " '이럭할까요, 저럭할까요?' 하고 나한테 묻지 말고 언제든지 당신의 생각에 의해서, 꼭 당신의 주인공에 맡겨 놓고 오관을 통해봐서 이 세상 판단을 해서 딱 결정을 해 나가는 것이 바로 법이다." 라고 말씀드립니다.

또 용用이라는 것은 바로 자기가 생각해서 자기가 결정하는 것이 그대로 용입니다. 그러면 용을 가르치고, 마음의 도리를 가르치고, 참선을 가르치고, 이게 따로 있는 게 아니라 세 가지를 한데 포함해서 지금 가르치고 있는 것입니다.

공부의 착着

사람의 마음이라는 것이, 마음과 내 영혼의 근본이 같이 부합이 돼야만이 이게 불이 켜지게 돼 있거든요. 근데 줄을 갖다 대려고 하다가 도로 들고 나오니까 불이 안 들어올 수밖에 없지요. 그걸 가지고 착着이라고 하는 겁니다. 거기서 맛을 보니까, 맛을 본 사람은 본 사람대로 착을 갖게 돼 있어요. 그러니까 되다가도 이게 중동무이하는 수가 많죠. 알지 못했을 때는 무조건 그냥 놓고 가다가 좀 알고 나니까 착이 붙어서 그걸 완전히 놓질 못하고 도로 그냥 들고 다시 나오는 거나 똑같습니다. 그렇게 하게 되면 나의 심력을 기르는 데에 상당히 모순이 있다고 봅니다.

심력을 기르는 여건

말없이 진실하게 행동하고, 진실하게 내 마음으로 내 마음을 다스리며 나갈 수 있는 그런 여건이 바로 심력을 기르는 여건입니다.

자기 생각대로 하려는 관념

자기가 모든 것을 놨을 때, 주인공에다 모든 것을 놨을 때는 스스로 돌아갑니다. 그러면 그것이 완화되고 아주 스무드하게 돌아가는데, 말로 이게 틀리고 저게 틀리다, 이 사람이 틀리고 저 사람이 틀렸다고 이런다면 공부하는 것은 틀려 버렸고 자기가 생각한 대로 돌아가질 않습니다. 그리고 오히려 말만 벌어져 가지고 싸움만 납니다. 이것이 바로 우리가 공부하는 데 심중 깊이 생각해야 할 점이라고 봅니다. 자기 생각대로 말하고 자기 생각대로 하는 그러한 관습적인 습을 몽땅 떼야 되겠습니다.

국가적인 일에 대해서도

정부에서 하는 일들도 이것이 좀 잘못됐다고 그런 생각이 들 때, 이것도 자기 사량으로 판단하는 게 아닙니다. 마음으로부터, 또 눈으로 봐서, 들어서 이게 합일이 돼야 이것이 옳다고 생각이 들 때 재깍 대치할 수 있습니다. 그게 대치를 하게 되면 은은히 돌아가면서 대치가 되겠죠.

　|

　우리 국내외 모든 것을 순조롭게 리듬을 타고 넘어가게 할 수 있도록 그것을 항상 주인공에 맡겨 놓으세요. 그것이 제일 급한 것입니다.

애를 쓰지 않는 마음으로

하나도 가질 게 없더라. 하나도 가질 게 없어서 나는 공부를 했는데 하나도 버릴 게 없더라. 그러면 가는 데마다 '나'이고 가는 데마다 내 자리고, 가는 데마다 내 아픔이고, 가는 데마다 내 웃음이고 즐거움이고 그런데, 구태여 내 몸이 어떻게 될까 걱정하고 어떻게 낙오가 될까 걱정하고, 내가 부처가 되려고 애를 쓰고, 내가 깨달아야지 하고 애를 쓰고, 그렇게 안 해도 되지요. 깨달으려고 애를 쓰지 않는 마음이 있어야, 주인공에서 나온 것 주인공에다가 모든 것을 한데 일체 다 놓을 줄을 알아야 사방이 터지지, 이놈의 거는 문이 많은 데서 문을 찾으려니까 어렵고, 문이 하나도 없는 데서 문을 찾으려니까 또 어려운 것입니다.

이 모두가 그러한 거라. 우리가 생활하면서 뛰면서 생각하고, 생각하면서 뛰는 이 자체가 그대로 참선인 거라. 앉는다고 하고 앉고, 선다고 하고 서는 그런 사람은 백 날이 가도 공부 못 해요.

진짜 참선

몸을 단련해서 잘 앉아 있고 오래 앉아 있는 것은 기술이
지 그것은 참선이 아닙니다. 참선이라는 건 걸어가면서도,
나라는 빈 배는 걸어가면서도 할 일을 다 하는 것이 참선
입니다.

하면서도 하지 않을 줄 알아야

공부하는 스님네들이나 여러분이 다 그렇지만 우리가 이 마음의 도리를 이렇게 지켜보고 알고 이랬을 때, 스님네들은 더욱더 지금 노력해야 하면서도 정진해야 하면서도 관해야 하면서도 생각하지 않을 줄 알아야 하고, 하지 않을 줄 알아야 하고, 보지 않을 줄 알아야 하고, 듣지 않을 줄 알아야 하고, 몸을 움죽거림이 아닌 줄 알아야 하고, 걸어도 걸은 게 아니라는 것을 알아야 하고, 손으로 천만 가지 만지고 쥐고 움죽거렸다 할지라도 그 움죽거림이 아니라는 걸 알아야 임신한 어머니가 애들 불쑥 낳듯이 그렇게 될 것입니다.

선禪의 지름길

선禪이라는 자체는 내가 한다는 생각도 할 줄 몰라야, '내가 빨리 해야지. 급하다.' 이런 것도 할 줄 몰라야 하는 것입니다. 그렇게 하면서도 할 줄 모르는 사람이 돼야 빨리 성장이 되고 홀연히 깨칠 수도 있는 것이지, 만약에 그것을 '빨리 한다. 그냥 쥐고 늘어진다.' 또 '나는 이렇게 해야 한다.' 해서는 아니 됩니다. 이 모든 것 하나서부터 열 가지, 백 가지, 천 가지, 만 가지가 다 그러합니다.

다시 말하자면 우리가 첫째, 생각할 줄 몰라야 합니다. 빨리 하겠다고 하는 생각을 할 줄 몰라야 한다. 일을 하면서도 일을 한 줄 몰라야 한다. 자면서도 잔 줄 몰라야 한다. 보면서도 볼 줄 몰라야 한다. 들으면서도 들을 줄 몰라야 한다. 발로 딛고 다니면서도 디딜 줄 몰라야 한다. 만 가지 법을 손으로 주무르고 일을 했다 하더라도 한 줄 몰라야 하는 그것이 홀연히 깨칠 수 있는 직접적인 지름길이라고 볼 수 있겠습니다.

모두가 나를 위해서

마음이 겸손하고 의리가 있어야 하고, 도의가 있어야 하고, 사랑이 있어야 하고, 부드러움이 있어야 하고, 부드러운 행이 있어야 하고, 부드러운 뜻이 있어야 하고, 남을 이익하게 하는 마음이 있어야 합니다. 모두가 나를 위해서 일을 하는 것이지 남을 위해서 일을 하는 게 아닙니다. 절에 누구를 위해서 오시겠습니까? 중을 위해서 오시겠습니까, 부처님을 위해서 오시겠습니까?

무주상 보시의 공덕

절에 갖다가 시주를 하는 것도 남한테 주는 게 아닙니다. 자기 살림 하는 데 쓰는 것이나 마찬가지입니다. 남을 줬다고 생각한다면 준 것만치밖엔 안 갑니다. 그러나 무심으로 줬을 때는 무심으로 가게 되기 때문에 무주상이 됩니다. '내가 요만큼 줬는데…' 한다면 그까짓 게 얼마나 되겠습니까. 그러나 무심으로 줬을 때는, 무주상으로 가는 데는 그것이, 무한량의 이자율이 가게 됩니다. 이자라는 말도 없이 말입니다.

|

모든 것을 무주상 보시로써 내 성의껏, 내 가정 형편껏 하면서 속 썩지 말아야 합니다. 단돈 얼마라도 내 속을 썩이면서 원망을 하면서 시주를 한다면 그것은 무효입니다.

내 임이 너무 많아서

나는 여러분을 만나기 전에도 수없는 사람들을 만났습니다. 방이 없다 하면 '아이구, 저거 추워서 어떡해?' 내 몸이 추워, 바로 내 몸이. 그렇기 때문에 주머니에 있으면 주머니에 있는 대로, 또는 "나 돈 좀 줘." 그러고선 "쓰는 데는 말하지 마라." 하고 쓸 때도 있고, 그저 가다가도 오다가도 이렇게 해서 살아나가고 있지만, 누가 나한테 돈을 준 사이도 없고 내가 방을 얻어 준 사이도 없고 집을 사준 사이도 없고, 한 사이도 없고 안 한 사이도 없고, 앞으로 할 것도 없고, 아무것도 없어요. 내 임이 너무 많아서, 내 임이 하신 것들이기 때문에. 어떤 것을 내 임이라고 할까요? 여러분이 다 사랑스럽군요. 내 몸과 같이, 내 마음과 같이 말이에요. 여자고 남자고….

자기 자신의 은혜

이 세상에 인간으로 태어나서 참으로 슬픔도 많고 외로움도 많고 고독함도 많고 허망한 일도 많은데, 그 모두가 어디에서 나오는지를 모른다면, 어디로 가서 도는지 그걸 모른다면 우리가 인간이라 할 수 있겠습니까? 삼계 오온이 한 점의 마음이거늘 만법의 이치가 그 근원으로 돌아서 우리가 행하지 않으면 어떻게 되겠습니까?

그 한 점의 마음이 모든 것을, 만법을 다스려야 합니다. 그리고 믿고 배신하지 말고. 자기가 자기를 배신해서 무엇이 이득이 있으며, 자기가 자기를 못 믿어서 무슨 이득이 있으며, 자기가 자기 은혜를 몰라서 무슨 이득이 있겠습니까?

한계 없는 마음으로

여러분들에게 꼭 말씀드릴 것은, 이 몸 하나로서는 도저히 감당해 나갈 수가 없습니다, 한계가 있어서. 모습을 가지고 살지 말고 한마음으로서 이 모두를 지혜롭게 굴려 나갈 수 있다면, 보이는 세상 안 보이는 세상을 휘잡아서 보이는 물질 보이지 않는 물질, 보이는 마음 안 보이는 마음을 다 한데 합쳐서 나 아님이 없이, 내가 하지 않는 일이 없이, 높고 낮음이 없이, 너 나가 없이, 부처 중생도 없이 이렇게 한마음으로서 다루어 나간다면, 한 이슬방울이 오락가락하듯이 같이할 수만 있다면 여러분들이 살기에 급급하지 않을 것입니다.

선행의 길

남을 이끌어 주는 것도 그렇고 나를 이끌어 가는 것도 그렇고, 부드럽게 말하고 부드러운 행동과 남을 이익하게 생각하는 그런 마음씨로, 무조건 자비로, '너는 업이 많이 붙었으니까 뭐가 어떻고 어떻고' 이런 것을 속 심心에다가 넣지 말고 방편으로, 거죽으로만 얘기해 줌으로써 선행의 길을 인도하도록 하세요.

이 세상 이치가 어느 씨앗이든지 심으면 심는 대로 그 모습을 가지고 나옵니다. 콩씨면 콩씨대로 콩이 나고, 팥씨면 팥씨대로 팥이 납니다. 그와 같이 업이라는 이 자체도 자기 생각에 의해서 짓는 행과 말, 뜻이 모두 종합돼서 업이 되는 것입니다. 그래서 선한 생각, 부드러운 말, 또는 부드러운 행으로 하되 자기라는 아만과 아상을 갖지 말라는 말입니다. 하다못해 벌레 하나도 나 아님이 없는데 거기서 자만과 아상을 가져서야 되겠습니까.

내가 바빠요

지금 우리 몸뚱이가 살아서 움죽거리면서 가기도 바쁘고, 옳게 가기도 바쁘고, 나 발견하기도 바쁘고, 둘이 아닌 도리 알기도 바쁘고, 둘이 아니게 나투는 도리를 알기도 바쁜데, 우주 천지가 전부 가설이 돼서 직결돼 있다는 그 사실도 연구하고 탐험해야 될 텐데 말입니다, 바빠 죽겠는데 싸울 새가 어딨습니까! 누가 욕을 해도 그렇고 나하곤 상관이 없는 거죠. 죽인다고 하더라도 상관이 없어요. 내가 바빠요.

입산하는 사람은

입산하는 사람은 왜 입산을 하는 줄 아십니까? 한 가정의
몇 식구를 건지기 위해서 살기보다는 억겁이 따로 없고,
내일이 따로 없고, 어저께가 따로 없는 이 세상의 모든 생
명들을 같은 내 한 생명으로 돌리는 그런 작업을 하기 위
해서 입산을 하는 것입니다.

평발이 되어

스님들은 비구니도 아니고 비구도 아닌 도리를 알아야만 이 같이 씨를 거둬들일 수 있고 같이 씨를 뿌릴 수 있습니다. 이 내면의 도리를 다 알아 뿌리 없는 기둥이 돼서 온 누리에 꽃가루 뿌리듯 다 뿌리고, 손이 닿지 않는 데가 없고 발이 닿지 않는 데가 없이 평발이 되어, 세상의 선도자로서 모든 사람이 걸어가는 것을 아주 세밀히 보고 건져 줄 수 있는 그런 분들이 다 되시기를 바랍니다.

명심해야 할 것

스님네들도 신도가 잘못되고 잘되고, 이쁘고 밉고 그런 걸 보지 말아야 하고 여러 신도님들도 스님네들이 밉고 이쁘고, 또는 잘하고 못하고 이걸 봐서는 안 됩니다. 공부하는 자세가 말입니다.

우리는 놀러 왔다가 가는 겁니다. 잘 입고 왔든 못 입고 왔든, 한 짐 지고 왔든 한 짐을 못 지고 왔든 우린 놀러 왔다 바로 원점으로 돌아가는 것입니다. 원점으로 갔다 다시 돌아오곤 하는 것이죠. 인생살이의 반복된, 이 쳇바퀴 돌듯 하는 진리를 파악을 하지 않으면 안 됩니다.

우리가 놀러 왔던 길에 어떠한 게 조금 잘못됐든 잘됐든 자기 할 일만, 어디에 뭐가 떨어졌으면 주워서 얹어 놓고 또 밥이 없는 사람을 보면 밥을 같이 나누어 줬으면 됐고, 남한테 '잘한다' 이런 칭찬을 받으려고 하는 게 아니라 금세 그 자리에서 봤으니까 하고 돌아가는 것뿐입니다. 그렇게 남한테 칭찬받으려고 하지도 말고 가는 거 쫓아가서 하려고 하지도 말고 오는 거 마다하지도 말고, 오직 공부하는 데는 그저 '관하고 정진하는 것, 모든 것은 바깥에서 끄달려서는 안 된다는 점' 이것을 명심하십시오.

마음과 마음의 전달만이

여러분이 마음 한번 잘 쓰는 데, 자손들이 대대손손 잘되느냐 안되느냐도 여러분의 마음에 달렸어요. 지금 공부하는 데에 달려 있어요. 그러니까 마음, 마음, 이 마음! 마음으로 전달을 하고 마음으로 내 주인공에다 모든 것을 맡기고 '너만이 할 수 있고, 너만이 이끌어 갈 수 있다' 는 그 마음 자체를 둔다면 모두 일체제불의 마음이 같이 찰나찰나 해 주시죠. 지금 아쉬워서 이렇게 오신 분들이 모두, 여러분이 자유자재하면서 자유스럽게 사셔야 돼요. 스님들은 머리 깎고 수도하면서 이 공부를 하려고 노력을 하는데 여러분은 살림을 해 가면서 이 도리를 공부하는 겁니다, 지금.

그러니 꼭 실험하고 체험하면서 남한테 전장을 하지 말고…. 예를 들어서 중은 중대로 있고 나는 나대로 있으니까 그게 안 되죠. 중과 내가 몸은 각각 있어도 마음은 항상 찰나찰나 나투면서 같이 '내가 생각하면 꼭 같이 한마음이 될 수 있다.' 라는 믿음을 갖는다면 그대로 마음과 마음을 전달할 수 있어요. 때에 따라서는 같이 만나서 자기 고충을 용건만 얘기할 수도 있겠지만 그런 거를 알면서 얘기를 해야 이게 100% 들어맞죠. 모르고 묻는 것보다 말입니다. 모르고 이러이러하다고 얘기하는 것보다 말입니다.
하여튼 여러분이 자재로이 그렇게, 진실하게 믿고 그렇게
놓고 꼭 하나하나 경험을 하고, 하나하나 마음의 발전을
하고, 하나하나 그렇게 체험을 하고 가시도록 하십시오.

이롭게 하려면

질서를 문란하게 하지 않아야 하고 도의와 의리, 시간을 지키고, 부드러워야 하고 부드러운 행을 해야 하고, 말을 앞세우는 것보다도 행동이 더 진실해야 하고, 거짓말을 하더라도 남을 위해서 거짓말을 한다면 그것이 바로 이익이고 거짓말이 아닌 것이고, 사기성의 마음을 가지고 남을 이익하게 안 하고 해롭게 한다면 모두 자기 앞에 떨어진다는 것을 여러분은 깊이 생각해야 합니다.

값비싼 눈물 한 방울

부모다 자식이다 할 것도 없다. 혼자 왔다가 혼자 옷을 벗고 바로 다른 팀으로 옮긴다. 그러니까 절대로 울지 말라. 값싼 눈물을 흘리지 말라. 값비싼 눈물 한 방울이라는 것은 온갖 눈물을 다 넣을 수 있는 그릇이 될 수 있지만, 만약에 값싼 눈물이라면 그것은 땅바닥에 떨어지기 전에 말라 버리고 만다.

인간의 큰 도리

엉겁결에 잘난 것 찾으려고 껑충 뛰고, 또 엉겁결에 그냥 물불 가리지 않고 돈 벌려고 뛰어가서 펑덩 빠지지 마시고, 남한테 거짓말하지 마시고, 그저 마음을 옳게 쓰면 옳은 말도 나가고 옳은 뜻도 생기고, 지혜도 생기고 옳은 행을 하게 되고 이럽니다. 이걸 잘 생각하셔서 앞으로 우리 살아나가는 길에 어떠한 착오가 없이 사시기 바랍니다.

우리가 죽고 사는 거야 다 죽고 살지마는 그래도 이 색신이 나와서 이 도리를 알고, 자기 위로는 은혜를 갚을 줄 알고, 아래로는 제도할 줄 아는 그러한 사람으로서 옷을 벗고 가야 되지 않겠습니까? 그러니 갈 때 되면 그냥 갈 수 있게끔 그렇게 하십시오. '내가 가고 싶다' 하면 그냥 갈 수 있게끔요. 그리고 '요만치는 내가 있어야 되겠다' 하면 있을 수 있게끔 이렇게 하세요. 그것이 인간의 큰 도리라고 봅니다.

스승 아님이 없으니

무슨 일을 하는데 아무렇게나 그냥 생각하고 하면 아무렇게나 됩니다. 우리는 우습게 생각하고 살아서는 안 됩니다. 하나하나, 우리가 사는 거나 상대방을 볼 때도 우습게 봐서는 안 됩니다. 여러분이 전부 우리 스님네들의 스승이니까요. 여러분이 아니라면 내가 없고, 내가 없어도 여러분이 없는 것입니다. 여러분이 있기 때문에 내가 있고 내가 있기 때문에 여러분이 있는 것이니까. 공한 진리가 어디고 두루 꽉 찼다고 하고 또 스승 아님이 없다고 하는 원리가 여기에 있습니다.

그러니만큼 누가 어떠한 문제를 가져온다 하더라도 상을 찌푸려서도 아니 되고, 마음으로 싫어해서도 아니 되고, 항상 내 아픔같이 받아들일 수 있는 그러한 스님네들이 돼야 하고 그러한 회장님들이 돼야 되겠죠.

– 스님들과 신도 회장단에게

정신 발전의 길로

'내가 고달프게 그런 일은 왜 하려고 그래?' 이러죠? 천만의 말씀입니다. 누구를 위해서 삽니까? 한 번이라도 자주 아랫사람들을 만나 보고 한 번이라도 자주 윗사람을 만나 보고 하루라도 빠지지 않고 오고 가는 사람들을 다 만나 볼 때 비로소 '소를 타고 자기가 피리를 불고 다니는구나.' 하는 것을 알게 되는 것입니다.

우리 간부님들이 이렇게 정성스럽게, 진실하게 애를 써 주시는 데 대해서 감사하지만 더욱더 한 발 더 내디뎌서 정신계를 계발하고 정신계가 발전되게끔 이루어 주는 데에 역점을 두시는 것이 어떤 보시보다도, 어떤 무주상보다도 더 큰 보시입니다. 그것을 중점으로 이끌어 주십시오.

– 신도 회장단에게 (1)

모두를 위해서

내 양심으로 모든 것을 생각해 보세요. 남을 위해서 얼마나 일을 했나. 남을 위해서 얼마나 행해 줬던가. 남을 위해서 얼마나 말해 줬던가. 남을 위해서 항상 평등하게 이익한 생각을 해 줬던가. 이것을 생각해 보신다면, 그것을 한데 합쳐서 본다면 그대로 여여함이요, 그대로 이익하게 모든 것을, 남을 위하는 게 아니라 나를 위해서, 나를 위하는 게 아니라 모두를 위해서 하는 것이 됩니다.

– 신도 회장단에게 (2)

탑을 올리듯이

지금 신행회를 이끌고 가는데 '아이고, 이게 어렵더라. 우리 집 이끌어 가랴, 사람들 이끌어 가랴, 신도들 확보하랴. 이거 뭐, 얼마나 어려운가.' 이러겠지만 그런 어려움이 없이 어떻게 공덕이 되겠습니까. 이 몸뚱이가 있을 때 그 공덕을 꼭 탑 올리듯이, 봉오리가 선뜻 올라가듯이 하나하나 쌓으십시오.

— 신도 회장단에게 (3)

방황하지 않고 인내를 가지고 한다면

모든 지나간 역사를 보면, 진실하게 이 마음을 밝히면서 공부하다가도 이리저리 이리저리 방황하는 사람은 해 나가는 것도 방황하게 되고 그러다가 그냥 없어져 버립니다. 푹 꺼져 버려요. 회향이 되질 않아요. 사람은 죽으나 사나 밀고 나가는 인내가 있어야 하고, 믿음이 있어야 하고, 사랑과 애절한 그 인간미가 있어야 됩니다. 정직한 인간미! 솔직한 얘기로 사람사람이 다 그렇다고는 볼 수 없겠지마는 누구나 다 그렇게 할 수 있다고 봅니다.

누구나가 자기 마음이 부처님 마음이요, 자기 마음이 아는 것을 우주간 법계에서 아는 거라. 진실되고 진실치 않고는 자기가 너무 잘 알기 때문에 우주 간에도 알고 남들도 알아요. 속일래야 속일 수가 없어! 여러분이 그 도리를 안다면 속일래야 속일 수가 없다니까!

그러니 너무나 멋진 이 우주 삼천대천세계의 법망으로 인해서 수없는 그 갈갈이 헤어날 수도 없는 법망에, 우리의 근원이 거기에 다 연결이 됐다는 그 사실을 아신다면 참 너무도 묘법이요, 그렇게 광대무변한 법이 없는 것입니다.

나무를 뚫듯이

딱따구리가 나무 뚫듯이 언제나 자문자답하면서 생각 하나하나, 움죽거리는 하나하나, 모두가 둘이 아니라는 걸 아셔야 합니다.

공부하는 이들에게

이 몸으로, 모습으로, 이름으로 부처님의 마음을 알 길이 없고, 이 모습으로, 이름으로 부모의 마음을 알 수 없고, 자식의 마음을 알 수 없고, 일체 만물의 유생 무생의 마음을 알 수가 없어서 굴릴 수가 없느니라. 제도할 수도 없느니라. 제도했다고 하느냐? 제도했다고 하지 말라. 본래 둘이 아니기에 제도한 것도 없고 안 한 것도 없느니라. 그대로 마음으로 굴리면서 항상 따뜻한 마음을 내 주면 되느니라. 따뜻하게 둘로 보지 않는 마음, 남이 아프면 내 아픔으로 생각하고 마음을 내 준다면 그것이 바로 네 아픔과 둘이 아니니라. 이것이 바로 보살의 마음이요, 이것이 바로 부처의 마음이요, 진짜 들어가서는 인간의 마음이라.

인간이라는 것도 이름이요, 부처라는 것도 이름이니라. 여래라는 것도 이름이요, 다 이름이니 그 이름을 가지고 소중하게 생각하지 말라. 그 이름 속에 소중한 것이 있느니라. 그 모습 속의 소중한 것을 발견하라. 발견하기 위해서는 안으로 보림을 하면서, 항상 안으로 굴리면서 거죽으로 나타내지 말고 경솔하지 말고 또한 항상 겸손하게,

남을 깔보지 말 것이며 벌레 하나를 본다 할지라도 너로
알아라. 저 꽃 이파리, 저 나무 이파리, 무정물이나 하다
못해 돌 하나를 본다 하더라도 그것이 남이 아니니라.

"마음은

밝다고 하는 것만도 아니고

어둡다고 하는 것만도 아니다.

단지 내 씀씀이에 달려 있는 것이다."

10 —————————————— ————

자기가 자기를 금으로 만드는 사람

금으로 만드는 공부

본래 금을 가지고 있는데

금광과 같은 근본

내가 코드를 꽂지 않으면

참선으로 가는 길

모든 것을 묘미 있게

안과 밖을 잘 이끌어 가려면

공부하는 묘미

이 공부를 해야 하는 이유

자기 완성의 길

굴레를 벗어나려면

이 몸 없어지기 전에

한 철 공부

공부할 수 있는 권리

이왕 세상에 나왔으니

진짜 인간이 되기 위해서

한 번 죽는 목숨

나 하나를 놓는다면

부처님과 한자리

넓은 지혜

찰나 생활

만법의 진리가 바로 내 안에

한 것도 없고 안 한 것도 없이

자유인이 되려면

그냥 갈 순 없잖아요?

그러면 정진합시다.

금으로 만드는 공부

공부를 하다 보면 말수가 적어지고 욕심이 적어지고 집착이 적어지고, 높고 낮고 이런 것에 집착이 적어지고, 반항이 적어지고, 남을 원망하는 게 적어지고 매사 게 다 그렇게 달라집니다. 사람이 스스로 그냥 자꾸 개선이 되죠. 이렇게 해서 금이 되는 것입니다. 자기가 자기를 금으로 만드는 것입니다.

본래 금을 가지고 있는데

금이 반지로 돼 나가든지 목걸이로 돼 나가든지 나가서 돌다 돌다 결국은 거기 또 오게 돼 있습니다, 금은. 그러나 금이 아니라면, 깡통이라면 돌다 돌다 또 그냥 깡통으로 갈 수밖에 없어요. 그런데 왜 인간의 탈을 쓰고, 마음을 가지고, 이목구비를 다 가지고, 오장육부를 가지고 이렇게 하고 돌아가는데 왜 금이 못 되느냐 말입니다. 본래 금을 가지고 있는데. 왜 그걸 발견 못 하고, 또 그것을 발견했으면 그대로 그냥 금으로 내보내고 들여보내고 하지, 왜 깡통을 거기다가 붙이고 넝마를 붙이고 온통 그렇게 해 가지고 외려 금을 사금이 되게 만드느냐 이 말입니다.

금광과 같은 근본

깡통 사람이 있고 무쇠 사람이 있고 순금 사람이 있고, 사람도 천차만별이죠. 그것도 그 마음으로 지어서 그렇게 만든 거지 본래는 순금이죠. 따지고 보면 변하지 않는, 금광과 같은 근본 생명선. 아주 참, 항상 밝아 있는 그 상태 그대로 있는 거죠. 그런데 사람의 마음이 지어 가지고 괜히 그렇게 만든 거죠, 중간에서. 여러분의 혼이, 그렇게 살아가던 습이 남아서 그 혼이 야단들을 하는 거지 생명, 근본 그것이 야단하는 게 아닙니다. 생명은 누구나가 다 똑같으니까요. 근데 마음들이 똑같지 않기 때문에 그런 것입니다.

내가 코드를 꽂지 않으면

우리에게 어떠한 불이 가설이 돼서 다 들어와 있다 할지라도 내가 코드를 꽂지 않으면 불이 안 들어옵니다. 내 마음이 코드를 꽂을 수 있고 때에 따라서, 환경에 따라서 모터를 돌리려면 모터에 코드를 꽂아야 하고 또 내가 컴컴하다면 컴컴한 코드를 꽂아야 합니다. 또 전기 기구를 쓰려면 전기로써 코드를 꽂아야만 쓸 수 있습니다.

내가 수천수만 가지 그렇게 다양하게 쓸 수 있는 것은 모든 것을 내가 현실에 가지고 있기 때문입니다. 우리 오관을 통해서 습도력이나 온도력이나 자동력이라든가 또 전자력이라든가 통솔력이라든가, 이 통솔력이라는 건 지혜로운 마음인데 지혜로움이라든가 또는 통신력이라든가 자동력 이 자체를 바로 내가 가지고 있습니다. 내가 가지고 있어서 항상 쓸 수 있는 것인데도 불구하고 내가 쓸 수 없으니까 물질만 가지고서 이것이 이거다, 이거다 하고서 이러지마는, 우리가 이 도리를 알아서 앞으로 성장이 된다면 5차원, 6차원, 7차원으로 차원이 높아져서 세계적으로 불국토 아닌 불국토가 되어서 정말이지 계발된, 우리 인간의 삶에 생동력 있는 보람을 느낄 것입니다.

참선으로 가는 길

하나하나 살아가면서 다가오는 것이 아주 곤욕스럽고 그렇다면 요걸 바꿀 수도 있는 생각이 드는데, 거기에 묘미가 있는 것입니다. '아, 이런 것은 이렇게 하면 어떨까? 이런 것은 이렇게 하면 좀 어떨까?' 하는 생각이 바로 마음의 발전을 위해서 나가는 길입니다. 그러면서도 그것이 감응이 되고 체험이 되고 그런다면 그것은 참선으로 나가는 거고요.

모든 것을 묘미 있게

자기가 자기 탓으로 돌리고 모든 걸 묘미 있게, 지혜 있게 해야 됩니다. 왜냐하면 이것을 감사하게 놓고 돌려서 놓고 이러란다고 그냥 그것만 또 그러지 말고, 내 스스로 마음을 발전을 시켜라 이겁니다. 내 마음은 스스로 발전을 이룩한다 하더라도 넉넉합니다.

　놓을 때도 때에 따라서는 한생각을 내란다고 하면 그냥 생각을 좋게 해서 놓는 것은 놓는데, 그 시기가 익어지면 그대로 아주 생각이 상쾌하게 그냥, 그냥 저절로 여기서 나옵니다.

안과 밖을 잘 이끌어 가려면

여러분은 이끌어 가는 사람이기에 이런 말을 합니다. 될 수 있으면 잘 이끌어 주시면서 나를 안에서도 잘 이끌어 가야 합니다. 내면세계에서 화가 불끈 일어나고 불끈 일어나는 걸 또 가라앉히고 할 수 있는 그 작용은 바로 이 인간의 마음에 있습니다. 이 인간의 마음에 있는 것이지 이 몸속에 들어 있는 의식들, 중생들 의식 속에 있는 게 아닙니다.

중생들의 의식은 악업을 지었든 선업을 지었든 지은 대로 그냥 나오지 '잘 생각을 해서 이렇게 해야겠다.' 이런 생각이 없습니다. 그래서 독 안에 들어도 못 면한다 그런 겁니다. 한 대로 하니까. 그러니까 콩 심은 데 콩 나고 팥 심은 데 팥 나는 것처럼 그대로, 그대로 나오는 겁니다.

그러니까 체 없는 마음이 그 중생들을 다 다스리는 데 묘미가 있다는 사실은 바로 마음이기 때문입니다. 인간의 마음은 더할 수도 있고 덜할 수도 있고, 잘 다스릴 수도 있고 화가 나게 할 수도 있는 그 자유권을 가졌으니까요.

- 신도 회장단에게 (4)

공부하는 묘미

낱낱이 안으로 굴려서 안으로 돌리는 것. 생활하는 모든 것, 죽고 사는 것, 생사윤회 모든 것을 내 마음 안으로 돌리는 데에 공부하는 묘미가 있다.

이 공부를 해야 하는 이유

여러분이 얼마나 위대하고, 이 공부를 하는 것이 얼마나 하지 않으면 안 되는 일인지 모릅니다. 오늘 우리가 익히고 새긴 이 공부가 세세생생에 가면서 자기의 인연줄을 다 녹여 풀어 버리고 벗어나는 공부인데 어찌 이게 대단하지 않겠습니까? 오늘 만약 이 공부를 못 한다면 천추의 한이 될 것입니다. 천추의 한이 될 뿐만 아니라 세세생생에 끄달리는 것, 어디서 오는지 어디로 가는지도 모르면서 아픔을 당하는 것을 어찌 차마 볼 수 있겠습니까.

자기 완성의 길

우리는 살기 위해서 먹는 것도 아니고 먹기 위해서 사는 것도 아니에요. 그저 목표를, 자기가 이 세상에 나오고 거기에서 지금 현실에 내가 나를 주시해 보면서, 자기한테로 한번 굴리면서 항상 살아가는, 자기를 완성시키는 그러한 길만 택하는 거지, 다른 거 없거든요.

굴레를 벗어나려면

자기 마음대로 자재하면서 살아야 하겠기에, 어항 속에서 발을 뽑아야 하겠기에, 세세생생에 그 애고 속에서 벗어나지 못하고 그저 사람으로 됐다가 짐승으로 됐다가 독사로 됐다가 개로 됐다가 돼지로 됐다가 이렇게 반복해서 돌아가는 이러한 굴레에서 벗어나야 되겠기에 그러는 겁니다. 이 공부를 하지 않으면 안 되겠다는 얘기죠.

이 몸 없어지기 전에

이것 찾고 저것 찾고 그러다 보면, 그렇게 뺑뺑뺑뺑 돌다 보면 하세월 다 가고 나는 벌써 옷을 벗게 됩니다. 이 모습이 없으면 체가 없기 때문에 부딪침이 없어서 공부를 못합니다. 그러니까 이 몸이 없어지기 전에 우리는 그 한 소식을 얻어야겠다는 원인이 거기 있는 것입니다.

한 철 공부

여러분께서 한 철 공부를 하면서, 생각해 보면 이 한 철 공부가 세세생생에 끝없이 돌아가는 자기의 원력에 대응할 수 있는 그런 여건이 됩니다. 우리 육신이 잠시 잠깐 보이지 않을 뿐이지, 그 종자는 항상 차원에 따라서 배 종자라면 배로 나올 것이고 오이 종자라면 오이로 나갈 것이고, 권세가 뚜렷하고 공한 도리에서 물리가 터진 차원이라면 그대로 또 나올 것이고, 여러 가지가지로 나와서 한 세계를 살리고, 우주를 살리고 또는 만물을 살리고 이렇게 하죠. 그러니까 우리가 그러한 사람이 됐으면 하는 그런 바람입니다.

공부할 수 있는 권리

여러분이 이 세상에 나와서 사람으로서 인정을 받고 남 달린 코도 달렸고 남 달린 눈도 달렸고 귀도 달렸고, 이 오관을 통해서 엽렵하고 똑똑하게들 모두 인간으로 태어났는데 여기까지 와서 그냥 갈 수는 없다는 그러한 각오가 뚜렷하게 섰다면, 여자든 남자든 마음은 둘이 아니니까, 그 마음에서 한 칼을 뽑았다면 그냥 낄 수는 없는 것입니다. 칼을 뺐다가도 무서워서 달아나간다면 잔등이에 칼이 꽂히니까. 누구나가 이 세상에 나왔다면 그만큼 벌써 권리를 가지고 있는 것입니다. 공부할 수 있는 권리! 이 세상에 태어나서 "응애!" 할 때 벌써 권리증을 가지고 나온 것입니다.

이왕 세상에 나왔으니

오늘날 우리가 발버둥이 쳐야 할 일이 있습니다. 이건 죽는다고 해결이 되는 것도 아니고 산다고 해결이 되는 것도 아니니, 이왕지사 내가 이 세상에 나왔으면 전쟁터에 칼을 빼고 나온 셈이나 똑같은 얘깁니다. 이왕지사 이 세상에 나왔으면 그냥 돌아갈 수는 없다는 겁니다. 그렇죠?

지금 이 내 화두 이 자체가 바로 공입니다. 내 몸뚱이 자체가 그대로 공입니다. 색이라고 표현할 것도 없고 공이에요. 색이라는 건 누구든지 다 알고 있으니까, 자기가 지금 여기 있다는 걸 알고 있으니까, 이게 있다는 이 자체가 바로 공이다 이 소립니다. 공해서 돌아가고 있다 이겁니다. 그러면 "공해서 돌아가고 있는 자기 공에다가 모든 걸 놔라." 이겁니다. 믿고 놔라! 믿지 않으면 놓을 수가 없습니다. 이것을 놔야만이 상천세계에 등장할 수가 있다. 삼세심을 일심으로 부합시킨다면, 일심! 일심으로 돌아가는 그 일심 자체도 없는 상천세계에서는 생각해서 먹고 생각해서 살고 생각해서 갖고 생각해서 모든 걸 가고 오니 얼마나 편리하냐 이겁니다.

진짜 인간이 되기 위해서

인간은 거저 생긴 게 아닙니다. 우연히도 아니고. 우연이라는 것도 없을 뿐 아니라 괜히 생긴 게 아니란 말입니다. 인간으로 태어나서 본다면 자기 자성이라는 자체의, 자재성을 가진 그 인간의 마음, 한마음이 자기를 지금 인간으로 해 놨어도 완성이 되지 않을 때에는 천 번 만 번, 수억 번이라도 다시 굴려서 진짜 인간으로 만들려고 무척 애를 쓰는 것이 자기 자성불입니다.

그런데 왜 그렇게 할까요? 지금 자기가 나와서도 자기 자리도 변변히 모른다는 얘깁니다. 자기 자리도 변변히 모르고서 우주적인 일을 갖다가 거론한다면 말도 안 되는 일이죠. 즉 한마디로 말해서 인간이 됐으면 이 자리를 지키고, 이 자리를 계발시키고, 모든 것을 계발시키라는 뜻이 나에게는 서려져 있습니다. 한 사람이 났을 때는, 자기 자성으로 인해서 자기가 진화돼서 계발했고, 계발해서 창조가 된 것이지마는 그것이 혼자만의 일이 아닙니다. 소도 언덕이 있어야 비빈다고 했듯이 우린 혼자 사는 게 아니에요. 그렇기 때문에 천체 불성의 그 자동성의 한 점이 우리를 인간으로 만들어 놓을 때는 "진짜 인간이 돼서 그 한 자동성의 근본을 알아 가지고 계발을 해라." 하는 것입니다.

계발을 할 때 계발이라고 말 한마디만 했다 뿐이지, 그 계발이라는 소리에는 수만 가지가 거기 포함돼 들어가 있습니다. 그러니까 한 가지뿐만 아니라 이것은 진화력도 있어야 하고, 창조력도 있어야 하고, 또는 거기에서 내가 모든 것을, 일체 만법의 근원의 근본을 알아서 만법을 작용할 수 있어야만이 되는 거죠. 또는 내가 될 수 있어야 하고, 내 자리 아님이 없이 돼야 하는 문제가 있기 때문에 그런 사람이 많이 남으로써 이 지구가 4차원, 5차원, 6차원의 지구도 될 수 있다는 얘깁니다.

한 번 죽는 목숨

칼이 오든 가시넝쿨이 오든 자갈밭이 오든 현실에 내가 체험하고 넘어가야 됩니다. 내 목숨 하나 내놓는다면 그뿐인 걸 뭐가 그렇게 어려울 게 있습니까, 네? 이왕지사 여러분도 칠십 평생을 살든지 어린애 때 죽든지 죽는 것은 한 번 죽는 것입니다.

나 하나를 놓는다면

인생은 이렇게 왔다 이렇게 가는 거, 어차피 칼을 뺐으면 끼우지 말고 가자. 불법이 어떠니 저떠니 하면서 밥이나 놓고 떡이나 놓고 비는 게 너무 비참하다. 앞으로 어떠한 고비가 닥친다 하더라도 그것을 관여 않고 그냥 걷는다. 무찌르고 걷는다, 그냥. 흙 속에 빠지면 어떻고 물 속에 빠지면 어떻고 불 속에 빠지면 어떤가. 나 하나를 놓는다면 갖다 붙일 데가 하나도 없다.

부처님과 한자리

내가 항상 그러지 않남? 법당에 올라가도 그 부처님 몸이 내 몸이요, 바로 부처님의 마음도 내 마음이니 둘이 아닌 고로 거기에서 절을 삼배를 올려도 자삼보自三寶에 그대로 하는 것이다. 거기로 한데 합쳐도 되고 이리로 한데 합쳐도 되고, 이리 가도 하나고 저리 가도 하나다. 그렇게 해서 공부를 하게 되면 그 하나마저도 내세울 게 없다는 걸 알게 되고 그것은 부처님의 뜻을 그대로, 우리가 세존의 자리에 같이할 수 있다는 그런 결론이다. 그것이 자유인이다. 무엇이 두려운가!

넓은 지혜

50% 미완성을 가지고도 인간이라고 할 수 있을까요. 50%를 마저 채워야 우린 균등하게 나갈 수 있습니다. 무루와 유루를 한데 합쳐서 그대로 지혜롭게, 슬기롭게, 여여하게 나갈 수 있다 이겁니다. 빈 배가 일렁일렁 물에서 리듬을 타고 그냥 돌아가듯이, 무심으로 항상 여여하게 그렇게 사는 것이 바로 개인의 근본이요, 또는 자유인의 근본입니다.

모든 것은 한마음의 한 점에 들어 있으니, 이 한 점이 우주 전체 대천세계를 전부 들 수도 있고 굴릴 수도 있고 덮을 수도 있으니 그것을 일컬어서 부처님의 한 발로, 한 평발로 디뎠다고 합니다. 발이 평발이라서 그런 게 아닙니다. 평이마, 평손, 평눈. 평눈은 넓은 것을, 어디 아니 닿는 데가 없는 것을 말하고 청눈은 언제나 청정하게 중심을 잡아 가지고 있다는 말입니다. 우리가 중심을 잡아서 청정하게 돌아갈 수만 있다면 넓은 지혜도 언제나 가지고 있는 것입니다.

찰나 생활

공부를 다 해서 마음으로 산다면, 죽어서도 자기가 눈 밝고 귀 밝아서 마음으로 그냥 생각을 하면 하기 때문에 자유인으로서 자유자재하는 찰나의 생활을 하는 것입니다.

만법의 진리가 바로 내 안에

우리가 이날까지 기복으로 참 많은 세월을 흘러 내려왔으니까 이제부터라도 정신을 바짝 차려서 옷깃을 다시 한번 여미고 진심으로 내 마음 안에서 내 자부처를 구하면서, 내 성품 안에서 모든 법을 구해야 합니다. 만법의 진리가 바로 내 마음 안에 들어 있으니, 이 마음 안에 들어 있는 묘법을 두고 어떻게 이 세상에 나왔다가 그냥 가시렵니까? 그 좋은 만법을, 묘법을 두고도 그냥 가시렵니까?

어렁더렁 우리가 인간으로 태어나서 이렇게 살다가 그냥 또 허무하게 떨어진다면 세세생생에 이렇게 굴러야 하는 것을 면치 못하며, 더 나아가서는 좌천이 돼서 짐승의 허물을 쓰고 또 그렇게 굴러야 합니다. 그러니 그 이치를 우리는 자세히 알아야 합니다.

한 것도 없고 안 한 것도 없이

우리가 미거하고 바깥에서만 구하고 항시 그렇게 어리석게만 나간다면 인과응보를 떠날 수가 없으며 유전성을 떠날 수가 없다고 수차에 말을 했습니다. 자기가 한 것만치 받는다고요. 그러나 공한 도리를 알고 묘법을 안다면, 내가 한 것도 없고 안 한 것도 없이 그렇게 화창한 날씨에 온 누리에 꽃이 필 수 있고 열매를 맺을 수 있고, 그 열매가 무르익어서 온 누리에 여러 부처들이 다 그 맛을 볼 수 있는 불국토가 될 수 있는 것입니다.

자유인이 되려면

상식적으로가 아니라 근본적으로 내 마음을 깨닫지 않으면 이 도리를 모른다. 그래서 이 지구 바깥으로 벗어나기 이전에 나한테서 벗어나야 지구 바깥으로도 벗어날 수 있지 않겠는가. 지구 바깥으로 벗어나야 태양 바깥으로 벗어날 수 있고, 태양 바깥으로 벗어날 수 있다면 은하계 바깥으로 벗어날 수 있다. 그래서 우주 바깥으로 벗어나야 상세계를 알고, 중천세계를 알고, 소천세계를 안다. 거기서도 벗어나야, 세계에서 벗어나야 대천세계를 안다. 대천세계에서 벗어나야 그것이 자유인이다.

"살아생전에

죽은 세상 산 세상을

마음으로다가 오고 감이 없이 오고 가면서

작용을 하는 것이 바로

자유인이다."

"내가 감사한 것은
따로 뭐가 있어서 감사한 것이 아니라,
모두 한길을 걸어가니까
감사한 것입니다."

"나는 크지도 않고 작지도 않습니다.
여러분이 크다고 생각해 주기보다도
여러분과 똑같이 사랑할 수 있고
또 걸림이 없이 아픔도 같이 할 수 있는,
항상 영원히 그런 사람이라고 생각하면
항상 그렇게 될 것입니다."

대행 스님 법어집
다만 그윽한 마음을 내라

초판 1쇄 발행	2019년 10월 15일
초판 3쇄 발행	2024년 8월 10일

발행인	혜수
펴낸곳	(재)한마음선원
엮은이	한마음선원 출판부
기획 편집	정혜영
표지 그림	임효
디자인	로그트리
마케팅	현대불교신문사

출판등록	2000.12.15. 제 2000-16호
주소	(13908) 경기도 안양시 만안구 경수대로
전화	1282 (031)470-3100
팩스	(031)470-3116
홈페이지	http://www.hanmaum.org
책값	18,000원
ISBN	978-89-91532-25-0

이 도서의 국립중앙도서관 출판예정도서목록(CIP)은 서지정보유통지원시스템 홈페이지
(http://seoji.nl.go.kr)와 국가자료종합목록 구축시스템(http://kolis-net.nl.go.kr)에서
이용하실 수 있습니다. (CIP제어번호 : CIP2019036214)